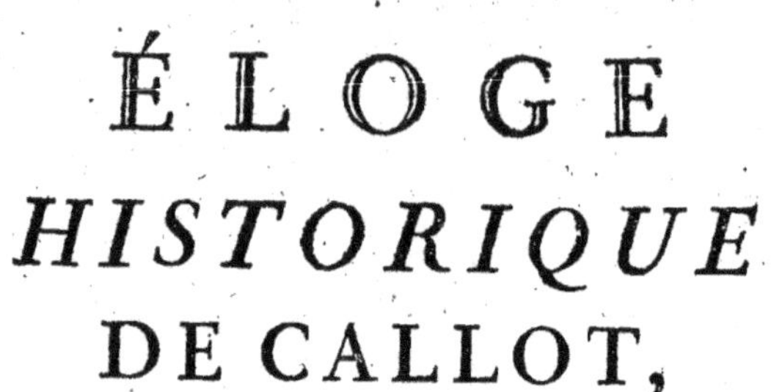

ÉLOGE HISTORIQUE DE CALLOT,

Noble Lorrain, célébre Graveur,

DÉDIÉ A SON ALTESSE ROYALE

MONSEIGNEUR

CHARLES - ALEXANDRE

DE LORRAINE.

A BRUXELLES.

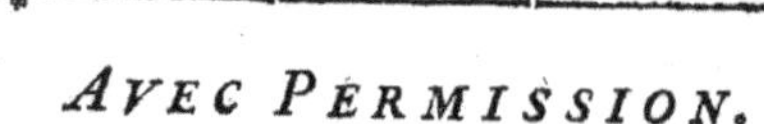

Avec Permission.
1 7 6 6.

A SON ALTESSE ROYALE

MONSEIGNEUR

CHARLES-ALEXANDRE,

Adminiſtrateur de la Grande Maîtriſe de Pruſſe, Grand Maître de l'Ordre Teutonique en Allemagne & en Italie, Duc de Lorraine & de Bar, Marchis, Duc de Calabre, de Gueldre, de Montferrat & de Teſchen en Siléſie; Prince de Charleville; Marquis de Pont-à-Mouſſon, de Nomeny; Comte de Provence, Vaudémont, Blanckenberg, Zutphen, Saarwerden, Salm, Falckenſtein, Seigneur de Freudenthal & Eulenberg, &c. Maréchal

A

des Armées du Saint Empire Romain & de celles de S. M. l'Impératrice Douairière & Reine de Hongrie & de Bohême, Colonel de deux Régimens d'Infanterie ; Lieutenant Gouverneur, & Capitaine Général des Pays-Bas pour S. M. l'Impératrice Douairière & Reine.

MONSEIGNEUR,

VOTRE ALTESSE ROYALE agréa l'hommage des œuvres de Callot; j'ose espérer qu'Elle honorera d'un regard favorable l'Eloge historique de cet homme célébre. Dans cette confiance je consacre au Grand Prince, objet de leur amour & de leur respect, un rayon de la gloire

EPITRE.

des Lorrains. *Je mets aux pieds d'un Auguste Amateur l'Eloge d'un grand Génie. VOTRE ALTESSE ROYALE qui fait régner, avec la Religion & la Bienfaisance, les Sciences & les Lettres; qui honore, protège & cultive les beaux Arts, accueillera le plus célébre des Artistes Lorrains. Callot estimé, aimé, recherché de Louis XIII. de Gaston d'Orléans, de Richelieu; comblé d'éloges, d'honneurs, de bienfaits par un Côme de Médicis, un Henri II. & Charles IV. de Lorraine; Callot verra couronner sa gloire: Votre Auguste Nom, MONSEIGNEUR, protège son Eloge. Les fleûrs que j'ai amaſſées, vôtre main royale daignera les répandre ſur ſa Tombe.*

Je ſuis avec le plus profond reſpect,

MONSEIGNEUR,

DE VOTRE ALTESSE ROYALE,

Le très-humble, très-obéiſſant & très-fidelle ſerviteur, F. HUSSON, Religieux Cordelier.

ÉLOGE HISTORIQUE
DE CALLOT,
NOBLE LORRAIN,
CÉLÉBRE GRAVEUR.

*M*ONSEIGNEUR,

L A Gloire de la Lorraine
& de ſes grands Hom-
mes fut toujours le principal
objet du vrai Patriotiſme. Tous

A

les efforts du zèle national se réuniffent pour la faire éclater, & dans ce foyer commun fe raffemblent tous les rayons de fes lumières. Je crois ne pouvoir mieux seconder ces vues patriotiques, mieux acquitter les éloges que la renommée doit au mérite, qu'en célébrant un homme, qui relève la gloire de cette Province; qui montre la force du génie; qui fait connoître le progrès des talens. C'eft en intéreffant l'attention

que je pourrai la mériter.
Votre Altesse Royale
occupée du fujet, daignera me
faire grace fur la manière de le
rendre.

Cet ouvrage plus pénible
par les recherches, qu'il ne peut
être glorieux par le fuccès, (1)
je ne l'ai entrepris que pour
rendre hommage à un grand
Prince qui régna toujours fur
les Cœurs Lorrains. Votre augufte Nom , auffi chéri que
refpecté, me donnera des Lec-

teurs. Tout ce qui retrace quelque empreinte de Votre Altesse Royale inspire l'empreſſement & l'amour.

Dans la vaſte carrière, où mes idées s'égarent, je cherche à me fixer; je rencontre, & je m'arrête, je rencontre dans les Faſtes de la Lorraine un de ces hommes rares que les ſiècles préparent, & que les ſiècles admirent; un de ces grands Artiſtes formés des mains de la nature, ſignalés par un génie heureux, perfectionnés par un goût exquis, & que l'invention caractérise. Callot, à ce nom célébre, que tant de miracles de l'art font lire, & qui retentit si souvent dans les Cabinets des Amateurs; à ce nom, Mon-seigneur, l'amour patrio-tique redouble son action & notre intérêt: Une atten-tion avide se prête à son Éloge. Je n'en ferai que l'ébauche.

Jacques Callot, par sa naissance, sembloit ne devoir

pas groſſir le catalogue des Artiſtes de la Province : né en 1593 d'une famille, qui, dès l'an 1417, ſous les derniers Ducs de Bourgogne, avoit occupé des charges conſidérables, il pouvoit, en marchant ſur les traces de ſes ancêtres, ſuivre une route plus glorieuſe en apparence. Son quatrième Aïeul Louis Callot, Fils de Ponce Callot, & Père d'Albéric ; ce Louis, Aïeul de Jean, dit Liégeois, Biſaïeul de Clau-

de Callot, fut Secrétaire Inti-
me de Jean Duc de Bourgogne.
Notre Jacques Callot étoit
Fils de Jean Callot, Héros d'ar-
mes de Lorraine, & de Renée
Brunehault, Fille de Jacques
Brunehault, Ecuyer, Médecin
de Chriſtine de Dannemarc,
Ducheſſe Doüairière de Lor-
raine, & de Jeanne Gennetai-
re, & Petit-Fils de Claude
Callot, Exempt des Gardes-
du-Corps de ſon Souverain,
Conſervateur des Titres & Ré-

giftres de la Nobleſſe, & an-
nobli par le Grand-Duc Charles III. le 30 Juillet 1584
en récompenſe des ſervices
qu'il avoit rendus à ſon Maître
dans les armées : Il avoit donné
dans une occaſion importante,
des marques généreuſes de ſa
fidélité & de ſon courage ; il
paſſa pour un des plus vaillants
hommes de ſon temps. *Porte
d'aſur à cinq étoiles d'or péries
& poſées en ſautoir, pour cimier
un dextrochére revétu componé
d'or*

d'or & d'aſur tenant une hache d'armes : le tout porté & ſoutenu d'un armet morné d'argent, cou-vert d'un lambrequin aux mé-tail & couleur de l'écu. Claude Callot avoit épouſé Demoiſel-le Claude de Fricourt, native de Gondrecourt, Parente, du côté de ſa Mère, à la Pucelle d'Orléans ; morte en 1610, & miſe avec ſon Mari, décédé le 23 Juillet 1594, dans le Tom-beau de la Famille Callot ſous notre Cloître.

B

Votre Altesse Royale, à laquelle j'ose confacrer cet ouvrage, me permettra de dire le motif qui en a décidé le fujet : Elle a daigné accueillir les Eftampes de Callot, Elle agréera fon Eloge ; j'en ai la plus honorable preuve. La piété envers les morts, le ref- pect pour leur mémoire , & la reconnoiffance de leurs bienfaits doivent être & feront toujours les fentimens de nos cœurs. Hélas! pourroient-ils

ces sentimens n'être pas éter-
nels parmi nous; Dépositai-
res des cendres précieuses de
nos anciens Maîtres, nous les
arrosons de nos larmes, nous
soulageons par l'auguste Sacri-
fice des autels les Ames de tant
de Héros.

Nous avons dans notre
Cloître la sépulture de la Fa-
mille-Callot, le portrait & les
cendres de celui dont j'essaie
l'éloge; ce portrait & les orne-
mens de son tombeau furent

enfevelis, il y a 15 ans (le 5 Mai 1751 à neuf heures du matin) avec huit de nos Religieux fous les ruines d'une aile de notre Maifon tombée de vétufté. Votre Altesse Royale fera fenfible au récit de cette funefte cataftrophe, qui a fait verfer d'auguftes larmes, & répandre de généreux bienfaits au premier Monarque de l'Empire. Je détaillai ce funefte événement dans un Placet à Sa Sacrée

MAJESTÉ. L'Empereur, en le lifant, laiffa couler des pleurs, donna des ordres pour qu'il nous fût délivré une fomme, qui a contribué à la réédification de notre Cloître. Nous avons fait graver fur le marbre le bienfait & notre reconnoiffance. Nous le pleurerons long-temps ce Père tendre & magnanime, cet augufte Chef de l'Empire, dont la perte a couvert de deuil l'Europe entière, & navré de douleur tous les Cœurs Lorrains. Il eſt mort au milieu des Fêtes de ſon auguſte Maiſon, dans les bras du digne Héritier de ſon Sang, de ſon nom, de ſes vertus, & de ſon Trône.

UNE partie de la Communauté accourt au bruit de l'écroulement. Quel ſpectacle ! un amas confus de poutres, de planches, de pierres & de repous. On demande des outils pour déblayer en hâte : mais

la crainte de bleſſer fait que
l'on déblaye à la main ; déja
ſe font entendre des voix plain-
tives & ſépulcrales, des gémiſ-
ſemens de mourans. Bientôt
s'offrent à la vue des Religieux couverts de ſang & de
pouſſière, ſans connoiſſance &
preſque ſans vie. On les ſoula-
ge, pluſieurs guériſſent ; quel-
ques-uns meurent ; il en reſte
encore d'eſtropiés qui traînent
une vie douloureuſe & lan-
guiſſante, qui ne ceſſeront de

souffrir qu'en ceffant de vivre.
Nous éprouvâmes alors cette
bonté fi naturelle aux Cœurs
Lorrains; nous nous efforce-
rons toujours de la mériter ,
toujours nous en conferve-
rons la reconnoiffance.

ON dira peut-être qu'im-
porte au Public, & quel rapport peut avoir à Callot ce
récit? Hélas! ce qui honore
les cœurs fenfibles, ce qui rend
hommage aux grandes ames
peut-il donc être indifférent?
D'ailleurs

D'ailleurs le Portrait & le Maufolée de Callot furent, avec nos Religieux, enfevelis fous les mêmes ruines. Mon premier empreffement, après celui de l'humanité pour mes Frères, fut de rechercher, pour les réünir, tous les précieux morceaux de l'Effigie & du Maufolée de Callot. Quelle ardeur à les recueillir ! Quel tranfport à chaque pièce que je trouvois !

Mais avant que Callot fût cendre & pouffière, voyons

ce que fut, pendant ſa vie, cet homme célébre. Tout eſt, je ne dis pas ſeulement curieux, mais intéreſſant, mais pré-cieux dans la vie de ce grand homme : n'en perdons rien ; ſon art, ſon cœur, ſon ame, examinons tout : l'habileté de ſa main, la généroſité de ſon cœur, l'élévation de ſon ame, recueillons tout. Callot fut un grand Artiſte, un Ami géné-reux, un fidelle Patriote.

PREMIÈRE PARTIE.

CALLOT se joue dès l'enfance avec les premiers élémens d'un Art qu'il va porter à son plus haut degré de perfection ; déjà se tracent, sur ses feuilles d'Écolier, sur ses livres classiques, les premiers traits qui préludent le talent, & qui annoncent le grand Artiste : des lignes, des ébauches, des esquisses, des desseins confus, des figures en-

core imparfaites ; voilà les ger-
mes de son génie, les premiers
rayons de son aurore, qui dé-
cèlent cette imagination vive
& féconde, source de tant de
miracles : ainsi s'explique la
nature, avant même la rai-
son, dans un Ovide (2), pour
les Vers. Dans un Paschal (3),
un Osanam (4), pour les Mathématiques, un Giovanne
Battista Pagi (5), un Carle
Maratte (6), pour le Dessein,
la Peinture & la Gravure.

En ces derniers temps, pour la gloire de notre Lorraine, dans un François Thomas (7), François (8) & Pierre Richard (9), Philippe Vairinge (10), & François Pelletier (11), pour la Mécanique; Dans un Duval (12), pour la Physique & l'Astronomie. Tous ces grands Hommes se sont annoncés par les jeux de leur Enfance.

Callot trouve, dans les préjugés de la Naissance, & dans les vues de ses Parens, des obstacles à son penchant pour la Gravure ; mais il s'affranchit de toute gêne, rompt ses liens, suit en liberté son inclination. A l'âge de douze ans il quitte la maison paternelle, non par un esprit de libertinage, un sentiment d'indépendance, ou un goût d'oisiveté (passions trop ordinaires d'une jeunesse indisciplinée, qui lui font trouver si pesant, même secouer le joug de la subordination); mais par un ardent défir d'aller voir par lui-même toutes les merveilles que l'on admire en Italie, ce délicieux séjour des beaux arts, dont il avoit entendu quelques récits. Une curiofité précipitée, trop peu réfléchie, l'entraîne, le décide, il part. Manquant bientôt de fecours & de reffources, il s'affocie avec une troupe de Bohémiens, & dans cette misérable compagnie, dont fes befoins & la néceffité pouvoient feuls couvrir la

honte, *ad turpia cogit egeſtas*,
il arrive à Florence; Un Officier du Grand-Duc arrêta ſes
regards ſur le jeune Callot, il
en fut frappé : la Naiſſance ne
perd jamais ſes droits, ni la
bonne éducation, ſes avanta-
ges. Un air noble, un main-
tien aiſé, des manières gra-
cieuſes, une heureuſe phyſio-
nomie concilient à Callot la
bienveillance de cet Officier,
qui le place chez un Peintre,
nommé *Remigio Canta Gal-
lina.*

lina. L'application eſt vive, la nature s'explique, le talent ſe développe, bientôt paroiſ-ſent les ſuccès.

Mais le déſir de voir Rome, & ſes antiques merveilles, ſubſiſte toujours, s'irrite da-vantage par les délais. On quitte Florence & ce premier Maître : le généreux Officier permet le voyage, donne des ſecours pour le faire. Le ſéjour à Rome eſt de peu de durée : des Marchands de Nan-

D

cy reconnoiffent le jeune homme, le contraignent de les fui-
vre, le ramènent à fes Père &
Mère; ceux-ci l'obligent de re-
prendre fes études, qu'il quitte
bientôt, pour retourner en Italie, âgé feulement de 14 ans. Il
fit à Turin la rencontre de fon
Frère, qui en ufa à fon égard
comme les Marchands de Nancy, l'engageant à y revenir.
Mais fa paffion pour l'Italie,
fon amour pour la Peinture &
la Gravure, prenoient de nou-

veaux accroissemens par les obstacles mêmes, *semper cupimus que negata.* Il redouble ses instances auprès de son Père, qui enfin lui permet de suivre son penchant. Une heureuse circonstance favorise son retour à Rome. Le Duc de Lorraine députoit un de ses Gentilshommes (*a*) vers le Pape: Henri II. venoit de succéder à son Père le Grand-Duc Charles & envoyoit faire part au Souverain Pontife Paul V. de son avé-

[a] *M. le Comte de Torniel parti le 1. Déc. 1608.*

nement au Trône de Lorraine. Le jeune Callot fut admis à sa suite, il arrive à Rome. Parcourons rapidement ses commencemens & ses progrès; voyons le diſtinctif de cet homme célébre dans un Art plus ancien que les Hyerogliphiques d'Égypte, & qui eſt à la Peinture ce que l'Imprimerie eſt à l'Écriture, dans la Gravure enfin.

Sa première étude fut le Deſſein, dont la parfaite connoiſſance eſt ſi importante pour la

Peinture, la Sculpture & la Gravure, il en eſt l'ame; c'eſt en effet dans le Deſſein que les Connoiſſeurs remarquent beaucoup mieux que dans le Tableau, dit Lacombe, dans ſon Dictionnaire des beaux Arts, le caractère d'un Maître; ſi ſon génie eſt vif ou peſant; ſi ſes penſées ſont élevées ou communes; ſa manière recherchée ou meſquine; s'il a une bonne habitude, un bon goût. Bientôt notre Artiſte quitta le

Crayon pour prendre le Burin, auquel il fit succéder l'Aiguille & l'Échope, d'abord à l'eau-forte sur vernis mou, enfin sur vernis dur, dont il inventa l'usage pour la Gravure (*a*), qui depuis donna sous sa Pointe tant de merveilles.

Nous tenons de son Burin les Miracles de l'Annonciade, en quarante feuilles (13); ce sont ses moindres Pièces selon Félibien (*b*). Nous avons

[a] *Moréri, au mot Callot. Félibien, T. 2 P. 165.*
[b] *Septième Entretien sur les vies & sur les œuvres des Peintres. T. 2. P. 160.*

ſes Tableaux de S. Pierre (14):
ſes Sept Péchés Mortels (15):
ſon Paſſage de la Mer rouge
(16): l'Homme à l'Eſcargot
(17): les Batailles & les Victoires des Médicis (18): le Portrait de François de Médicis.

Nous devons à ſa Pointe
ſur vernis mou les Vues de Florence en Payſages (19), & pluſieurs autres Pièces. Le très-
grand nombre nous le devons à
ſa Pointe ſur vernis dur (20).
Callot par des chef-d'œuvres

ébauchoit cette haute réputation qui l'immortalise, & qui le
rend, dit un Critique moderne
(*a*), un des plus grands Hommes que l'Univers ait admirés,
en un genre neuf & difficile.

LE spécifique de ce grand
Maître est une netteté, une pré-
cision, une vérité, une exactitude, une ordonnance, par lesquelles il exprime, sans nulle
confusion, avec peu de traits
(21), les différentes actions des
Foires, des Sièges de Villes, des

[a] *Mém. des Hom. Illuſt. de Lor. T. 1. P. 202.*

campemens d'Armées, &c.
Dans les sujets sérieux il montre un caractère de noblesse &
de bienséance, qui frappe, qui
étonne, qui ravit. Dans les Pièces divertissantes, une légéreté,
un agrément & une gayeté qui
font l'admiration de l'œil, la
joie du cœur, les délices de
l'ame. Dans la variété de ses
Groupes, dans ses Bossus, dans
ses Grotesques mêmes, qui ont
emprunté son nom, & dans les-
quels la nature semble défigu-

E

rée, point de contraftes forcés, point d'attitudes eftropiées ; mais une diftribution, une juf-teſſe, une proportion que Man-uoife (22) a mifes en relicf & qui remplacent avec agrément fur les cheminées, à Paris comme à Nancy, les Figures de la Chine. Partout on remarque la liberté, comme on admira la rapidité (23) du travail de Callot, l'expreffion natu-relle des figures, le choix & la diftribution des fujets.

CALLOT fut admirable en bien des parties, dit Mr. Perrault de l'Académie Françoise (*a*), mais il le fut plus particulièrement dans ses figures en petit; où il dévelope, par deux ou trois traits de Burin, l'action, la marche, l'humeur même & le caractère de chaque personnage; il rassemble dans un petit espace une infinité de choses, dit Dom Calmet (*b*) d'après Félibien; faisant

(a) *Hom. Illuſt. t. 1. p. 264. edit. de la Haie 1720.*
(b) *Biblioth. Lorr. col. 183.*

voir diſtinctement, & créant,
pour ainſi dire, en un ſeul pouce
d'étendue, cinq ou ſix lieues de
Pays, & une inconcevable multitude de figures, toutes en
action.

L'ESPRIT & la fineſſe de
ſa Pointe; le feu & l'abondance
de ſon génie; le naturel, la correction, la fermeté, le goût, la
netteté, la douceur, le charme,
le gracieux : toutes ces qualités que l'on trouve ſi rarement
enſemble, feront également la
ſurpriſe & les délices des Ama-

teurs & des Maîtres de l'Art.
Difons tout en un mot, la manière de Callot eft très-précife de Deffein & très-finie de Gravure. Les Cabinets des Curieux & des Connoiffeurs en ce genre font enrichis des miracles de Callot : à Bruxelles, à Rome, à Paris, à Florence, à Nancy &c. partout enfin où règne le bon goût, partout où il eft protégé.

J'AI compté feize Œuvres de ce grand Artifte : celui de feu le Sr. Barbe, Horloger de Nancy, qui a fignalé fa belle ame & fon Cœur vraiment Lorrain en le légant à VOTRE ALTESSE ROYALE (24); ce généreux Citoyen le pouvoit-il deftiner à un Prince plus digne appréciateur de tous les genres de mérite? Deux que le Roi poffède, dont l'un de Mr. le Marquis de Beringhen, & l'autre de l'Abbé de Marolles. Un de Florent le Comte, un de Félibien, de Fagniani, de Gerfaint, de MM.

de Clèves, de Clairambault, de
Lorangère, de la Roque, de Po-
tier, de Mariette. Mmes. les Mar-
quifes de Lenoncourt à Mons,
& des Armoifes à Nancy, ont
chacune une collection plus ou
moins complette (25) des Gravures de Callot. Le Sr. Jac-
quet, Marchand à Nancy, en a
une affez nombreufe, mais fort
chère; il en forme une feconde.

Dans ces différens Œuvres,
quelle prodigieufe quantité de
Pièces gravées par ce fécond

Artiste ! j'en ai nombré 1233. Le Sr. Barbe en a amassé 1250. Moréri, Félibien, Dom Calmet, en comptent 1380 : un Historien moderne 1400. Mr. Quentin de Lorangère 1543. Le Dictionnaire historique, & Lacombe dans celui des beaux Arts 1600. Cette différence vient, sans doute, de ce que les uns comptent seulement les sujets ; les autres, tous les morceaux, ou chaque feuille de ces sujets. Par exemple, le siège de Breda

Breda eſt en 6 feuilles, la grande Paſſion en 7, la petite en 12, les Misères de la Guerre en 18, les Gueux en 25, les Caprices en 50 &c.

Le catalogue des Pièces de Callot par Florent le Comte (a) ſuivi, augmenté & rectifié par le Sr. Barbe, range dans cet ordre les Gravures de Callot.

1. Sujets de Dévotion.

2. Différens Sujets & Fantaiſies.

3. Payſages.　　　　F

(a) *Cabinet d'Arch. Peint. & Grav. Paris 1699.*

4. Caprices , Grotesques Ballets.

5. Sujets de Guerre.

6. Thèses.

7. Titres de livres.

8. Portraits.

DANS l'immense trésor de ses productions tout saisit, tout ravit, tout enchante. Quel saillant dans ses Contours, & dans ses fréquentes Voussures (26)! Quel feu dans ses Batailles ! Quelle variété dans ses Foires (27)! Quelle vérité dans ses Sup-

plices (28) ! Que de naturel dans
ſes Misères de la Guerre (29) !
Quelle naïve ſimplicité dans ſes
Gueux (30) ! Le beau détail, le
beau contraſte dans ſes Ca pri-
ces (3 1) ! Comme ſon imagination ſe joue dans ſes Fantaiſies
(32) ! Le tendre, l'agréable dans
ſes Payſages (33) ! Quelle force
dans ſa Grande Chaſſe ! Il ſaiſit
d'effroi dans le Maſſacre des Innocens (34), d'étonnement
dans le Paſſage de la Mer rouge,
d'admiration dans ſon Carou-

fel & fa Grande Rue de Nancy, deux des plus beaux ouvrages qui foient fortis de fa main.

Tout infpire de l'horreur dans les Sept Péchés mortels, de la piété dans les 389 Images des Saints de l'année (35), de la compaffion mêlée d'admiration dans le Martyre des Apôtres (36), du raviffement dans fon Nouveau Teftament (37), & fa double Paffion (38). Nous ne difons rien de fon petit Prédicateur, ni de la petite

Tentation, où le Diable, en l'air, eſt à cheval ſur St. Antoine, qu'il tient par la barbe; ces Pièces ſont douteuſes. Les rares ſont les Miracles de l'Annonciade, un petit Porte-croix dans un ovale couché (Pièce gravée à l'eau-forte). La grande Tentation, non en deux feuilles, comme le dit Florent le Comte; mais en une de dix-huit pouces de long ſur treize & demi de haut: La Planche, perdue du vivant de Callot, s'eſt retrouvée , mais coupée en deux , totalement gâtée par le verd de gris (39).

La grande Foire de Floren-ce eſt la meilleure & la plus rare. Un homme qui tient un eſcargot ſur ſon doigt , Pièce très-bien gravée au Burin; mais très-rare , ayant été ſupprimée comme ſatyrique contre une certaine Famille. Le titre (gra-vé au Burin à Florence en 1613) d'une Tragédie, nom-mée *Harpalice di Franceſco*

Baccialini, très-rare. Les Portraits de Louis de Lorraine,
Prince de Phaltzbourg (40) &
de François de Médicis (41)
rares aussi.

Je finirai cette partie de
l'Histoire de Callot par une ob-
servation tirée des grands Maîtres, & qui, peut-être, sera utile aux Amateurs. Les plus recherchées des Pièces de notre
grand Artiste au Burin, sont les
sept péchés mortels, le passage
de la Mer rouge, les batailles &

les victoires des Médicis: à l'eau forte, les décorations théatrales de Florence (42) fpécialement celles de la Tragédie de Soliman, qui furpaffent tout ce qu'il avoit fait auparavant, foit pour la conduite & l'intelligence de l'Architecture; foit pour la difpofition & l'efprit des petites figures. On admire le martyre ou maffacre des Innocens, pour la quantité des figures & la délicateffe du travail : la grande Foire *Della Madona*

Madona Dell'imprunetta (à
sept mille de Florence) où tout
ce qui se passe dans cette Foire
est représenté avec des expres-
sions divertissantes & agréa-
bles. Le carousel en 10 pièces,
& la grande Rue de Nancy
(43), que nous avons déjà cités
comme les plus beaux ouvrages
qui soient sortis de sa main, furent à Callot une occasion de
signaler les plus beaux sentimens du meilleur des cœurs. Ici
le grand Artiste fait place à
l'ami généreux.   G

SECONDE PARTIE.

JE ne m'arrêterai pas, Monseigneur, à peindre à
Votre Altesse Royale l'a-
mour, la tendreſſe de Callot
pour une Épouſe qui méritoit
ſa main & qui poſſéda ſon
cœur : Catherine Kuttinger (44)
d'une noble famille de Marſal,
lui rendit ſon amour conjugal,
ſans lui en donner les fruits
(45). Je tais ſes liaiſons intimes
& ſi rares avec les célébres Ar-

tiſtes de ſon temps : elles hono- rent ſon cœur , montrent ſa belle ame, ſont l'admiration & le modèle des grands hommes. Quelle reconnoiſſance pour ſes Maîtres ! de Deſſein, *Remigio Canta Gallina* (46) , de Gra- vure, Philippe Thomaſſin (47). Quelle conſtante amitié pour un Alphonſe Parigi & Jacques Stella de Lyon Peintres (voyez la Note 42), pour ſes contem- porains , émules & compa- triotes Thierry Bellange (48) & Jean Leclerc (49).

Il rend dépositaire de sa confiance & de ses œuvres un Israel, fils de Claude & père de Silveſtre Henriet, son condisciple, son ami, son confident (50). Je me plais à rapporter un témoignage bien flatteur que donna de son amitié Callot à un de mes confrères, un Cordelier de Florence, pour lequel il grava en 47 morceaux le voyage de la Terre ſainte qu'avoit fait ce Religieux ſon ami (51). Avec de ſi rares qualités il eut un privilège plus rare encore: il fut aimé des Grands. Cofme de Médicis , Grand-Duc de Tofcane , diftingua les talens & les vertus perfonnelles de notre Artifte , fe l'attacha par des bienfaits , le gratifia d'une médaille avec fa chaînette. Michel Lafne (52) qui a gravé le Portrait de Callot, & Ifrael fon ami qui l'a mis au jour (53), le repréfentent avec cette médaille & cette chaînette pafsée en grand Cordon.

Ne nous étonnons pas si
Callot partageât les graces
d'un Prince tel que Henri II,
appelé, à si juste titre, le bon
Duc Henri, qui pendant 16
années de règne (depuis 1608
jusques 1624) en vrai Prince
Lorrain, ne cessa de répandre
des bienfaits, sans mesure,
sans nombre. Charles IV. son
neveu, son gendre & son successeur, qui couroit après la
gloire sans jamais l'atteindre,
arrêta des regards bienfaisans

ſur Callot, dont la haute réputation, qui retentiſſoit dans
toute l'Europe, ſe fit entendre
à Bruxelles : l'Infante d'Eſpa-
gne Éliſabeth-Claire-Eugénie
d'Autriche, Gouvernante des
Pays-bas, l'y appelle; il y deſ-
ſine & grave le Siège de Bréda
(54) que le Marquis de Spi-
nola faiſoit alors. Gaſton d'Orléans (55) lui donna ſa confiance, & reçut de ſes leçons.

MAIS, MONSEIGNEUR,
tous ces hauts témoignages du

mérite de Callot céderont à celui que VOTRE ALTESSE
ROYALE va lire de la générosité de son cœur. Des manè-
ges, des intrigues, des cabales
de Cour en faveur d'un de Ruet
(56) Peintre de Nancy, contre
Callot; telles à peu près que celles en faveur de Pradon contre
le grand Racine; telles encore
que celles d'un Duc de Nevers,
& de Madame des Houlières,
beaux esprits très-célébres en
leur temps, qui sifflèrent la
Phedre,

Phèdre, ce chef-d'œuvre du génie; ces petites menées balancent quelques inftans la réputation de notre grand Artifte : de Ruet opulent & faftueux, veut être encore un Grand-Maître vainqueur de Callot; l'arrogant orgueil méprife la fimplicité du génie timide; avec un nom décoré, & un fuperbe équipage, comment de Ruet n'auroit-il pas des talens, ou du moins des Partifans? Comment ne recevroit-il pas des éloges?   H

CALLOT fait son carousel & sa grande Rue de Nancy, il triomphe : cet astre, après l'éclipse, brille d'un plus grand éclat. Mais son ennemi confondu ne se rend pas, il a recours aux injures ; misérables ressources d'une mauvaise cause, retranchemens ordinaires d'une ame basse.

VOICI la noble vengeance, ou plutôt le nouveau triomphe de Callot : ô la belle ame ! Il grave le Portrait en pied de ce Claude de Ruet, en Pourpoint

& en Brodequins, les armes au haut du Tableau (dans le lointain, les Fortifications de Nancy, la Malgrange & ses enclos); Son fils à sa droite, auquel il commande l'exercice; au-desfous du Portrait, l'éloge de de Ruet en 12 vers (57). Callot envoie à son ennemi ce glorieux témoignage du plus généreux des cœurs. Hélas! de Ruet si fier de son état, de la faveur, & de sa fortune, décoré du double cordon de l'Ordre de

Chrift, par le Pape Paul V. & de celui de St. Michel, par Louis XIII, feroit ignoré, peut-être, fans cette générofité de Callot: il eft peu d'Hiftoriens qui parlent de de Ruet, tous célébrent Callot. Générofité de ce grand cœur, que la Nation Lorraine doit toujours fe rappeler avec autant d'admiration que de reconnoiffance!

Paffion des Grands Cœurs,
Amour de la Patrie.

TROISIÉME PARTIE.

DANS ces temps malheureux, ſi ſouvent renouvelés, où cette belle Province étoit en proie à toutes les fureurs de la guerre : dans ces temps où preſque toutes les Puiſſances, tous les fléaux conſpiroient pour la dévaſter, le Lorrain fut toujours Lorrain, toujours fidelle, toujours attaché à ſa Nation & à ſes Maîtres. Les Artiſtes mêmes, dont l'ame, ou intéreſsée n'encenfe que la fortune, ou ambitieufe n'idolâtre que la gloire & la réputation, réfervent les hommages & confacrent le zèle à leurs Princes. Rapportons en quelques exemples.

Un Nicolas Drouin, Sculpteur célébre (58), dont nous avons, dans le Sanctuaire de notre Eglife, un ouvrage unique en fon genre, vrai chef-d'œuvre de l'Art; je parle du fameux Maufolée du Cardinal

Charles de Lorraine Vaudé-
mont-Mercœur, où l'on admire
sur-tout les quatre Docteurs de
l'Église qui l'accompagnent ;
Statues de marbre blanc, de
hauteur naturelle, travaillées
avec tant de vérité & d'expreffion; que l'on voit, aux traits de
chacune d'elles, le caractère qui
les diftingue. Par un caprice &
une bizarrerie de goût, fruit
d'un zèle aveugle que rien ne
peut excufer, on avoit, malgré
nous, arraché à ce Maufolée, &

placé parmi des Héros guerriers, ces Pères de l'Églife dans la Rotonde ducale : nous avons obtenu qu'ils fuffent rapportés à leur premier emplacement ; ce tranfport n'a pu fe faire fans quelques mutilations. Un autre chef-d'œuvre de Nicolas Drouin, mais d'un mérite inférieur, eft le Maufolée de l'illuftre Maifon de Baffompière en l'Églife des RR. PP. Minimes de Nancy. L'Académie de Sculpture de Paris admit ce grand

grand Artiste au nombre de ses Membres: depuis, elle s'est enrichie de nos Adams (59) : Louis XIII. voulut s'attacher Nicolas Drouin; mais le généreux Patriote refusa les offres du Monarque, & revint embellir de ses immortels ouvrages Nancy, où il étoit né.

Les Chalignis (60) Jean le père, David & Ant. ses fils fondeurs, que la fameuse Coulevrine& le cheval de bronze ont rendus si célébres : ces hommes

I

rares sont invités par le Cardinal de Richelieu à grossir le nombre des grands Artistes dont ce fameux Ministre peuploit la France : mais l'amour de la Patrie l'emporta ; honorés du titre de Commissaires généraux des Fontes de France, les Chalignis ne l'acceptèrent de LOUIS XIV. que sous le bon plaisir de leur Maître.

LE plus fameux des Sculpteurs en grand, le célébre César Bagard (61), élève du grand

Jacquin , eut accepté comme une glorieuſe décoration, le Cordon de St. Michel que lui offroit Louis le Grand ; c'étoit pour le fixer en France , Bagard le refuſa , & revint enrichir ſa Patrie des miracles de ſon ciſeau. Sans cet amour patriotique nous n'aurions pas ce beau Crucifix, au-deſſus de grandeur naturelle, qui excite la piété & l'admiration dans la Paroiſſe de St. Sébaſtien ; ni le Mauſolée de l'Évêque de Porcelet (62), que l'on admire en l'Églife des RR. PP. Jéfuites du Collège.

Un Trône confacré dans tous les temps à la Religion, aux Sciences, aux Arts, aux Vertus, aux Bienfaits, celui de Lorraine, n'étoit plus occupé par un Prince de cette augufte Maifon, rien ne put détacher de fes Maîtres le fameux Vairinge : il voulut vivre fous les Loix d'un Prince Lorrain ; il alla mourir à Florence.

PERMETTEZ, MONSEI-
GNEUR, que je place ici une
anecdote qui honore la Nation, qui ſignale le Patriotiſme, & qui caractériſe le
Cœur Lorrain. Nous appor-
tions dans le Tombeau de l'auguſte Maiſon de Lorraine, les
reſtes mortels des Séréniſſimes
Princes de Vaudémont (63),
au milieu dès ſanglots & des
regrets de leurs anciens dépo-
ſitaires : nous recueillions, ſur
les draps mortuaires, les lar-

mes abondantes , les lugu-
bres hommages des Habitans
de la Campagne, qui accou-
roient en foule fur notre paf-
fage : les afperſions, les ha-
rangues & les prières des Paf-
teurs accueilloient partout le
Convoi funèbre : une femme
de Vezelize (*a*) toute éplo-
rée , & comme hors d'elle-
même , demanda, *Où condui-
ſez-vous nos Princes ? Chez
nous* , lui répondis-je. *Ah !*

(a) *Petite Ville en Lorraine , Capitale du Comté de
Vaudémont , à 6 lieues de Nancy , on y paſſe en venant
de Vaudémont à Nancy.*

mon Père , vous voulez donc avoir chez vous toute la Lorraine ? Quelle énergique simplicité !

TEL fut dans tous les temps l'amour des Lorrains pour leurs Princes. Sentiment précieux ! il vous est connu , MONSEIGNEUR (64) , vous en futes toujours l'objet.

EN VAIN Louis XIII. présente à Callot les plus flatteuses espérances : ce Prince lui fait envain , pour se l'atta-

cher, les plus séduisantes pro-
messes : le Monarque François
demande seulement que Callot, à qui il a fait graver le
Siège de la Rochelle & celui
de l'Isle de Ré, grave encore
le Siège par lequel ce Prince
vient de soumettre Nancy : *Je
suis Lorrain*, dit Callot, *j'ai-
me mes Souverains & ma Patrie, je ne veux rien faire de
contraire à leur honneur, je me
couperois plutôt le pouce.*

DE lâches Courtisans, ven-
dus

dus à une baſſe adulation,
n'entendent pas, approuvent
encore moins les généreux ſentimens d'une grande ame : ils
ſollicitent le Monarque à employer la contrainte : mais
Alexandre ne penſe pas comme
Parménion. *Que le Duc de
Lorraine eſt heureux*, dit Louis
le Juſte, *d'avoir des Sujets ſi
affectionnés & ſi fidelles!*

UNE mort prématurée en-
leva au Prince, à la Lorraine,
aux Arts cet homme célé-

K

bre, ce généreux ami, ce fidelle Patriote. Le 24 Mars de 1635 fut le dernier de ses jours dans la 43e. année de son âge. Son Epitaphe (65), monument érigé par la tendresse conjugale & l'amour fraternel , presque détruit par cet accident funeste dont nous avons parlé, les généreux Artistes de cette Province (66) vouloient le réparer, ou plutôt en ériger un nouveau à la gloire de leur Maître, au triomphe de la Gravure, à l'honneur de la Nation. Ce noble projet le verrons-nous s'exécuter ? l'Inscription de l'ancien est terminée par ces vers, qui finiront l'Eloge historique de Callot.

Envain tu ferois des volumes
Sur les louanges de CALLOT ;
Pour moi je n'en dirai qu'un mot,
Son Burin vaut mieux que nos plumes.

FIN.

NOTES

SUR L'ÉLOGE HISTORIQUE
DE CALLOT.

P*AGE* 3 (1) l'invention, le génie,
l'imagination, entrent pour peu dans
ce Discours : presque tout y est Extrait
ou Compilation. Les Auteurs & les
Mémoires, que j'ai consultés, rédigés,
souvent copiés, quelquefois contre-
dits, sont Moréri, Félibien, *Acade-
mia Picturæ*, *&c. per Iacobum* Sandrart ; les hommes illustres de M. Perrault de l'Académie Françoise ; les
Catalogues raisonnés de M. Quentin
de Lorangère, & de M. le Chevalier
de la Roque par Gersaint ; le Cabinet
d'Architecture, Peinture & Gravure
de Florent le Comte ; le Dictionnaire
des Beaux-Arts de M. de la Combe ;

le Dictionnaire Hiftorique, Littéraire & Critique ; la Bibliothéque Lorraine de Dom Calmet ; les Mémoires pour fervir à l'Hiftoire des hommes illuftres de Lorraine, &c.

P. 20 (2) Ovide, Chevalier Romain, deftiné par fon Père au Barreau, eut un penchant naturel pour les Vers ; il facrifia à ce penchant l'ambition, qui conduifoit alors, par l'éloquence, aux premières Dignités de la République. Ovide, dans un des plus beaux Siècles de la Poëfie, fut un des plus grands Poëtes, & Poëte comme malgré lui.

Sæpè Pater dixit, Studium quid inutile tentas ?
Sponte fua carmen numeros veniebat adaptos :
Et quod tentabam dicere verfus erat.

Trift. l. 4. Eleg. 10.

P. 20 (3) le Père de Paschal, qui fut son Instituteur, l'appliqua d'abord à l'étude des Langues; mais l'inclination naturelle pour les Mathématiques l'emporta: sans Maîtres, sans Livres, sans Instrumens; Blaise Paschal, par la seule force de sa réflexion, fit dans les Mathématiques de si rapides progrès, qu'à l'âge de 12 ans, il porta ses recherches jusqu'à la 32e. Proposition d'Euclide. A 16 ans il fit un Traité de Sections Coniques, admiré des Connoisseurs. A 19 (Bayle dit à 17) il inventa cette admirable Machine, par laquelle, sans Plume, sans Jetons, même sans savoir l'Arithmétique, on fait toutes sortes de Supputations avec une sureté infaillible. Le grand Descartes, étonné de ce Prodige , prétendit que le Père de Paſchal en étoit l'Auteur, & qu'il en avoit fait honneur à ſon Fils. Il mourut âgé de 39 ans en 1662. Il étoit né à Clermont en Auvergne en 1623.

P. 20 (4) Oſanam avoit un goût naturellement décidé pour les Mathématiques ; ſa Famille , qui le deſtinoit à l'État Eccléſiaſtique , combattit vivement, mais infructueuſement , ce goût. Oſanam avoit, ſur-tout pout l'Aſtronomie, tant de penchant, qu'à l'âge de 12 ans , il paſſoit, dans le Jardin de ſon Père, une partie des nuits , couché ſur ſon dos , appliqué à contempler les Aſtres : à 15 ans il fut Auteur. Sa réputation s'accrut, & ſon nom s'immortaliſa par ſes Récréations Mathématiques ; ſes Tables de Sinus tangentes &

ſécantes

sécantes ; ses Logarithmes ; sa Géométrie Pratique , sa Géographie ; sa Gno-
monique ; son Cours de Mathématiques , &c. Né dans la Souveraineté de
Dombes en 1640. Il est mort à Paris
le 3 Avril 1717.

P. 20 (5) Gio-Battista-Pagi eut
à combattre dans son Père , Noble
Génois , une puissante opposition a son
penchant naturel pour la Peinture , il
ne put en être détourné par l'Étude
forcée des Mathématiques ; de lui-
même il apprit le Dessein. Tout le
temps qui lui étoit libre il l'employoit
à modéler & à dessiner , par le seul
instinct de la Nature , des Figures &
des Paysages. Il se perfectionna telle-
ment dans la Peinture , que digne
Émule de Callot , courant ensemble

L

la carrière de la célébrité, chacun dans son Art, ils partagèrent les Éloges, la Protection & les Récompenses des plus grands Amateurs, & des plus justes Estimateurs du mérite, je veux dire de Cosme, Ferdinand & Franç. Médicis. Né à Gênes en 1556. Mort en 1629.

P. 20 (6) Carle Maratte étoit si passionné pour le Dessein & pour la Peinture, que dès l'Enfance, il avoit toujours le Crayon, ou la Plume en main pour dessiner ; Il exprimoit le Suc des Plantes & des Fleurs pour peindre des Figures sur les Murs de son Père. A onze ans il alla à Rome, & travailla pendant 19 dans l'École du célébre André Sacchi ; il devint fameux lui-même, en se formant sur les grands Modèles de Raphaël, des Carraches,

& du Guide, se faisant une manière propre par l'Étude de ces Maîtres ; il se signala dans ses Portraits de Vierges : il s'est encore distingué par des Sujets d'Histoire. Le Pape Clément XI. lui marqua son estime, en le faisant Chevalier de Christ, & lui accordant une Pension. Il reçut de Louis XIV. un Brevet de Peintre Ordinaire. Ses Tableaux sont recherchés & d'un grand prix. Il a aussi gravé à l'Eau-forte, & l'on a gravé d'après ce grand Peintre. On voit à Rome, à Versailles & chez M^r. le Duc d'Orléans les principaux de ses Ouvrages. Né à Camérano dans la Marche d'Ancône 1625. Mort à Rome en 1713.

P. 22 (7) Trois grands Princes, dont un seul pouvoit rendre un Artiste

célébre, Léopold toujours chéri pendant son Règne & si regretté après sa
mort ; Léopold, qui savoit si bien ap-
précier, mieux encore récompenser le
mérite : Louis XIV. & Pierre-le-Grand
(Alexiovitz, Czar de Russie) honorè-
rent de leur estime, & récompensèrent
les talens de François Thomas : Léopold le gratifia d'une Pension : Louis
XIV. le nomma son Ingénieur , &
Pierre-le-Grand vouloit se l'attacher &
l'emmener en Russie. Dés l'enfance,
son goût pour la Mécanique se fit connoître. Son Moulin-à-Vent, son Cha-
riot-à-Ressort; ses différens Crics &
Cylindres , pour lever des Poids , &
faire remonter , sans Chevaux, des Na-
celles sur la Rivière, &c. l'ont fait placer par M^r. de Fontenelle dans les Mé-

moires de l'Académie des Sciences de Paris, & l'ont rendu très-utile pour les divers Ouvrages, auxquels l'employa Louis XIV. Il étoit né à Sainte-Marie-aux-Mines, le 14 Mars 1670. Mort à Paris dans un âge avancé.

P. 21 (8) François Richard, né à Charleroi 1678, s'établit & fixa sa demeure en Lorraine. Il s'est rendu célébre dans la Mécanique:

1°. Par une Pendule, achetée par S. A. R. le Duc Léopold, transportée en Toscane au changement d'État, elle montroit les heures, les quarts; les jours de la Semaine, du Mois & de la Lune; les Signes du Zodiaque; les Fêtes Mobiles & non Mobiles; un Coq chantant & qui battoit des aîles, un Ange présentant le Portrait de S. A. R.

Léopold; les Portes d'une Église s'ouvrant, pour faire voir ce Portrait, & se refermant ensuite.

2°. Par une autre Pendule, dont les Platines & le Cadran étoient de Cristal, & dont on voyoit toutes les Roues se mouvoir.

3°. Par un Tableau mouvant, représentant divers Objets, envoyé par S. A. R. Léopold au Duc François son Fils à Vienne en 1726.

4°. Par un Tableau Zophonosique haut d'environ 4 pieds & large de 5, représentant une espèce de Foire, où l'on voit près de 300 Figures, qui se meuvent & travaillent toutes différemment. (Voyez le Dictionnaire de Trévoux, imprimé par Pierre Antoine à Nancy 1734., au mot *Zophono-*

fique). La Famille conserve encore ce Tableau, pour le montrer, même le vendre, aux Curieux.

5°. Par un Rocher dans le Bosquet de Lunéville, où, par un étonnant Mécanisme, les Eaux font faire à un grand nombre de Figures divers mouvemens & Personnages de Paysans, & autres, d'après Nature.

6°. Enfin par une Montre marchant sur un plan incliné, au haut duquel on la remet simplement, pour la remonter. François Richard est mort Directeur des Postes à Lunéville, le 3 Mai 1763, âgé de 85 ans.

P. 21 (9) Pierre Richard, Fils du précédent, Horloger & Machiniste du feu Roi, né pour les Mécaniques, a soutenu la célébrité de son Père, avec lequel il a beaucoup travaillé au Tableau Zophonofique, & au fameux Rocher qu'il a augmenté & embelli en 1752. Il a inventé plufieurs Charues, avec lefquelles deux Chevaux labouroient les Terres les plus fortes. Il eft Auteur d'une Table mobile, laquelle, au Deffert, fans déranger les Convives, s'élevoit de terre, & fe préfentoit toute fervie : cette Table étoit au Kiofque du Bofquet de Lunéville, avant qu'il fût brûlé. Il a imaginé des Voitures à trois Roues & beaucoup d'efpèces de Bateaux, dont un lui a mérité le prix à l'Académie Royale de Nancy. Pierre Richard eft mort a Lunéville le 6 Décembre 1759, âgé de 47 ans.

P. 21 (10) On peut dire de Philippe Vairinge, plus que de perfonne, qu'il avoit

avoit reçu de la Nature le goût pour la Mécanique, & qu'il étoit né Machiniste. Peu d'hommes ont eu une imagination aussi vive, aussi forte, aussi féconde, & la main aussi habile. Les ressources du Génie suppléèrent abondamment en lui celles de la fortune. Né le 20 Septembre 1684 de Parens pauvres, & dans une Famille très-nombreuse à Nouillonpont, Bailliage de Longuyon, à trois lieuës d'Estain; ne trouvant que des disgraces dans la Maison Paternelle, où une Marâtre souffloit la discorde, il chercha des secours ailleurs; ils ne lui manquèrent pas, & il les mit si bien à profit dans différens Apprentissages à Nancy, à Metz, à Paris; que, de simple Serrurier, il devint rapidement un des plus célébres Horlogers & Machinistes. Il est fameux par cette Machine qu'il inventa, propre à tailler des Dents de Roue depuis quinze jusqu'à cent trente mille parties. Il composa toutes sortes d'Instrumens à l'usage des Géographes & des Ingénieurs. Il fit une Sphère qui marquoit toutes les Révolutions des Planètes, selon le Système de Copernic. Attaché au Grand Léopold, qui protégea ses talens, & l'envoya à Londres, il fut à son retour Professeur de Physique Expérimentale à Lunéville. Il refusa 4000 livres de Pension & une superbe Maison, que lui fit offrir le Roi Stanislas. Pareille somme lui avoit été présentée par les Directeurs des Mines de Bretagne ; & par M^r. Orry, Sur-Intendant des Finances, la Direction de la Machine de Marly, que Vairinge venoit de mettre en état : il refuſa tout, & ſe retira à Florence, où il eſt mort en 1746, âgé de 62 ans.

P. 21 (11) François Pelletier dut à ſon génie ſeul ſes grands ſuccès dans l'Horlogerie & dans la Mécanique : avec une Machine propre à denteler les Roues d'Horloges, qui eſt de ſon invention, un Ouvrier fait dans une heure ce qu'il ne feroit ſans elle que dans un jour. Avec une autre propre à retordre le Fil à coudre, une ſeule perſonne en fait autant que ſoixante dans le même temps. On a dit de lui (Mém. des Hommes illuſt. de Lorr. t. 2. p. 84.) qu'il avoit fait pour Vézeliſe une Horloge, laquelle, outre les Heures qu'elle répétoit, avertiſfoit les Bourgeois, par certains Sons, de leurs Occupations publiques. Le vrai eft que l'Horloge de Vézelife eft à préfent un Horloge ordinaire. Il conftruifit, aux ordres du Roi Staniflas, une Barque à reffort, que deux hommes faifoient mouvoir très-rapidement. Il eft né à Porcieux 16 Juin 1696.

P. 21 (12) Les talens, la modeftie, les fuccès ; la conduite, les mœurs, & toute la vie de M. Duval excitent l'admiration, & méritent des éloges. Le beau Spectacle pour Noffeigneurs les Princes Clément & François, encore Enfans ! Un jeune homme gardant le Troupeau des Hermites de Sainte Anne, proche Lunéville, affis au pied d'un Chêne, un Télefcope à la main, & des Cartes Géographiques à ſes côtés; ce jeune homme c'étoit Duval, qui eſſayoit ſes diſpoſitions naturelles pour l'Aſtronomie & la Géométrie. S. A. R. le Duc Léopold, ſur le rapport des Princes, & de leurs Gouverneurs MM^rs. les Comte de Vidampierre & Baron de Phutzchener, tire le nouvel Aſtronome de ſon obſcure Solitude, l'envoie faire éclore ſes talens en l'Univerſité de Pont-à-Mouſſon; le nomme enſuite ſon Bibliothécaire,

François III. ayant ſuccédé à ſon Auguſte Père, ajouta au Titre de Bibliothécaire celui de Profeſſeur d'Hiſtoire en l'Académie de Lunéville, d'où M^r. Duval pàſſa à Florence, enfin à Vienne; il y occupe la Charge de Bibliothécaire de l'Empereur. Les Savans attendent avec impatience ses Ouvrages. Il a fait graver en huit Planches (Dom Calmet & son Critique n'en comptent que six) sa première demeure & les principaux événemens de sa vie. Il est né en Champagne en 1696. (V. Bibl. Lorr. au mot *Val*).

J'aimerois à célébrer ici tous les ingénieux Artistes, dont la Lorraine, toujours semblable à elle-même, fourmille aujourd'hui.

Je parlerois de M[r]. Jean Lamour, né à Nancy en 1698, devenu célébre par les Desseins sans nombre qu'il a composés, & par l'exécution de ces superbes Grillages de fer, qui décorent la Place Royale, la Carrière, la Chapelle du Cardinal de Lorraine en l'Églife Primatiale, & de ce beau Balcon de la grande Galerie de l'ancien Palais de nos Princes, posé en 1729. Son génie lui a mérité la faveur, même la visite du feu Roi, & à son Portrait une place dans le Salon de Mme. la Marquife des Armoises parmi les Hommes Illuftres de la Lorraine. Un de fes Élèves, nommé Henry Limonier, vient de faire & pofer (1766) un très-beau Grillage en l'Églife, nouvellement reconftruite, des Religieufes de Sainte Élifabeth du Couvent Ducal de Nancy. Depuis huit ans le S^r. Lamour travaille à un Recueil confidérable, qui paroîtra dans peu, & qui contiendra les Gravures & l'explication de tous fes Ouvrages.

Je nommerois le S^r. Jofeph Mar-

chal, né à Gerbéviller (à deux lieues
de Lunéville) préfentement Orga-
nifte de la Paroiffe St. Epvre de Nancy, dont le génie, la pénétration, le
goût, l'intelligence, la main habile &
l'imagination féconde, nous enrichif-
fent journellement des Miracles de la
Mécanique. Il a inventé & exécuté
un Télefcope-Microfcope, qui lui a
mérité le Prix en l'Académie Royale
de Nancy. Il a fait exprimer aux Figures humaines, aux Animaux & aux
Inftrumens du Fameux Rocher & des
Tableaux mouvans de Lunéville, les
cris & les fons, comme naturels, qui
diftinguent leurs Fonctions, leurs Efpèces & leurs Jeux. Ses Serinettes &
petites Orgues en Duo, Trio, &c.
font connues, recherchées, admirées
partout

partout, fans pouvoir être parfaite-
ment imitées nulle part. Il travaille
actuellement à deux Automates, qui
furpafferont ce que l'on a vu & entendu jufqu'ici en ce genre.

Les S^rs. Guillots fi célébres par des
Plans de Fortifications en petit, des
Tableaux mouvans au fable, & toutes fortes d'Ouvrages en Cire également admirés & recherchés; la modeftie des Auteurs, qui ne vouloient
pas être nommés, les rend dignes de
plus grands Éloges encore, que la
délicateffe & la beauté de leurs Ouvrages.

Le S^r. Nicolas Arnould, qui a
trouvé un ingénieux Mécanifme, par
lequel, avec deux Chevaux mis fur
un gros Bateau, on le fait remonter

N

une Rivière : cette Invention exécutée avec succès lui a mérité le Prix à l'Académie Royale de Nancy. Il est aussi Auteur d'une Machine propre à tailler & arrondir en même temps, d'une manière prompte & simple, les Roues de Montres ordinaires, & celle de l'Échapement à Cylindre : d'une autre, qui arrondit les Dentures des Roues déjà fendues, & qui taille toutes les Limes propres à son usage & à la construction des Montres. Il est le premier qui ait adapté les grandes Roues aux Montres à Cylindre, lesquelles non-seulement diminuent les frottemens ; mais entretiennent les huiles beaucoup plus long-temps : ce qui est confirmé par une expérience de 12 Années. Il construit, sur un

Principe nouveau, des Montres à Secondes, qui ne font point fufceptibles
des variations que caufent le mouvement du marcher, ou les fecouffes du
Cheval; ces Montres s'établiffent très-
petites & fort plattes, quoiqu'à Ré-
pétition. Il a inventé & exécuté une
très-curieufe Pendule à Carillon, qui
donne douze Airs différens, un à
chaque heure : ces Airs fe changent à
volonté par le feul mouvement du
Cylindre; ils font à deux Parties con-
tinues, ont du brillant, de longues
cadences, & peuvent être tenus auffi
long-temps qu'on le jugera à propos.
Les Timbres font écarlatés; en imi-
tant le Clavecin, ils ne laiffent de
l'Harmonie, & ne font entendre les
Sons, qu'autant qu'il eft néceffaire

pour moduler les Airs. Le tout ne se remonte qu'une fois le Mois. Cette merveilleuse Pendule, qui peut servir de Règle, & dont les Vibrations répondent aux Secondes, a un Clavier de 25 Touches, sur lesquelles on peut répéter les Airs du Carillon, ou en jouer d'autres, selon l'étendue du Clavier. La plûpart des 12 Airs sont de la composition du S^r. Poirel, Organiste de Nancy, excellent Musicien; & ont été pointés sur le Cylindre par le S^r. Marchal, aussi Organiste, & fameux Facteur de Sérinettes, que nous venons de citer.

Pénétré d'estime & d'admiration pour le génie, les rares talens, les généreux sentimens & toutes les belles qualités de l'Ame & du Cœur du S^r.

Nicolas Deranton, fameux Horloger
de Nancy, qu'il en coûte à mon amitié de pafler fous filence fes ingénieu-
fes productions dans les Arts, furtout dans l'Horlogerie; mais appelé à
Paris, où il eft à préfent, pour y dé-
velopper fes fublimes Connoiffances;
Je ne puis en avoir, ni en donner au
Public un Mémoire exact; je me ref-
trains à dire ici, que ce grand Artifte
& fes ingénieux Confrères les S^{rs}. Arnould, dont je viens de parler, Val-
trin. &c. ont porté l'Horlogerie en
Lorraine à un dégré de perfection,
qui leur a mérité les Couronnes de
l'Académie, & qui rend aujourd'hui
Nancy, en ce genre, l'Émule & la
Rivale de Paris & de Londres.

Je voudrois encore citer un Bernard Joyeux, de Pagny-sur-Moselle, qui a sçu allier à la Culture de la Terre les plus hautes Connoissances Astronomiques, & l'Invention des plus ingénieuses Machines d'Horlogerie & d'Astronomie. (Voyez Bibl. Lorr. de Dom Calmet, Col. 549).

Un Joseph - François Mathieu, de Lay S^t. Christophe, Village à une lieue de Nancy, couronné deux fois à l'Académie Royale de cette Ville, pour avoir composé un très - ample Traité du Calcul ; inventé de nouvelles Méthodes, pour faciliter les Opérations Algébriques ; & développé très - clairement les Élémens d'Euclyde.

Le S^r. Antoine Lavocat, Receveur au Bureau de Champigneul, à une demie lieue de Nancy, eſt célebre Machiniſte depuis 20 ans. Il a inventé & exécuté avec ſuccès des Chars de Triomphe, Chaiſes à Porteurs, Fauteuils, &c. dans leſquels on ſe conduit ſoi-même avec facilité par un Reſſort ſans fin.

Une Machine propre à broyer la matière du Papier, ſans bruit, ſans Marteaux, à peu de frais, avec une diligence incroyable.

Une autre, pour battre le Bled, un Cheval qu'on y emploie fait plus d'ouvrage que ſix Batteurs.

Enfin des Reſſorts pour faire mouvoir toutes ſortes de Figures.

Il travaille actuellement à une Machine Hydraulique, avec laquelle on élévera l'Eau à volonté, ſans Pompe, fans Conduits, fans Tuyaux, ni autres chofes pareilles. Elle fera très-folide, facile à conftruire & à réparer ; la Machine pourra aller par le moyen d'une Roue à Eau, ou d'un Homme, ou d'un Cheval, ou même de l'Air.

Il a eu l'honneur de préfenter plufieurs de fes Ouvrages à S. A. R. à Bruxelles ; au ROI DE POLOGNE à Lunéville ; à MESDAMES DE FRANCE à Plombières ; il en a été applaudi & bien récompenfé. L'Académie Royale de Nancy lui a adjugé, à Titre d'Encouragement, une partie du Prix des Arts cette Année 1766.

Un Frère *Paulus* Jéfuite, qui fimple Menuifier, s'eft élevé par la force de fon génie aux plus vaftes Connoiffances Aftronomiques. Il a imaginé

giné & fait exécuter la belle Pendule Aftronomique, qui étoit ci-devant en l'École de Phyſique de Pont-à-Mouſ-ſon, & qui eſt à préſent dans le Cabinet de SON ALTESSE ROYALE. Ce Frère eſt né à Vergaville, proche Dieuſe, le 19 Octobre 1710.

P. 30 (13) Les 40 Feuilles des Miracles de l'Annonciade ſont toutes gravées au Burin, d'après différens Peintres ; il y en a deux Éditions 1619 & 1636, la 1e. a au bas du Titre *In Fi-renſe appreſſo Pietro Cecconcelli,* &c. Ce Titre fait qu'on peut en compter 41. La 2e. Édition a été tirée à Nancy après la mort de Callot. Le plus grand mérite de ces Morceaux eſt leur rareté.

P. 31 (14) Les Tableaux de

S^t. Pierre, au nombre de 27, ne font pas fort recherchés, non plus qu'une Vierge gravée d'après André *del Sarte*, un *Ecce Homo* d'après *Vannius*, un Chrift au Tombeau d'après *Ventura Salimbeni*, qui font des premiers Ouvrages de la Jeuneffe de Callot, après les Miracles de l'Annonciade.

P. 31 (15) Les Sept Péchés Mortels font des Figures ingénieufement emblématiques, que Callot grava d'après Bernardin Pochel, Peintre Florentin. Ce font de fes meilleures Pièces au Burin. Il les a travaillées à Florence à l'âge de dix-fept ou dix-huit ans ; & dans ce même temps, un Enfant Jéfus, dont voici la Defcription : Il eft debout, la Robe cein-

turée, un Scapulaire par-deſſus, les
Manches ſerrées & dentelées à l'extrê-
mité; les Pieds nuds, dont un porte
ſur la Tête d'un Serpent ailé; il a le
Coude gauche appuyé ſur une Tête
de Mort poſée ſur une Table, qui eſt
couverte d'un Tapis, ou d'une Nappe
dont le bord eſt brodé. Sur la Table
eſt auſſi un Serpent, qui ſe mord la
queue, formant ainſi un cercle, Sym-
bole de l'Éternité; & un Pot de Fleurs
placé ſur deux volumes fermés : l'Enfant Jéſus tient de la Main droite une
longue Croix à double Croiſon : il a
la Tête nue, ornée d'une Auréole ou
cercle de rayons : ce Morceau, ſans
fond, eſt gravé au Burin, comme les
Sept Péchés Mortels, d'après Bernardin Pochel.

P. 31. (16) Le Paſſage de la Mer Rouge eſt une Pièce en long, recherchée & bien finie : la marche, la diſtribution & la perſpective y ſont très-bien rendues. Toutes les circonſtances de ce miraculeux événement ſont frappantes.

P. 31. (17) La Pièce, appelée l'Homme à l'Eſcargot, repréſente un Homme devant une Table, ſur laquelle il y a un Plat rempli d'Eſcargots ; il en tient un ſur ſon doigt. Ce Morceau au Burin a ſon mérite, il eſt recherché ſur-tout pour ſa rareté.

P. 31. (18) Les Batailles & les Victoires des Médicis ſont en 20 Pièces, gravées avec beaucoup de ſoin, Callot les a faites à l'âge de 19 ans.

P. 31. (19) Les Vues de Florence

en Payfages font en 12 Morceaux,
gravées bien tendres & très-agréable-
ment.

P. 31. (20) Callot, Obfervateur
curieux, intelligent, toujours ardent
& empreffé à perfectionner par fes
Recherches & par des Expériences,
l'Art de la Gravure, examina le Vernis
des Luthiers, il le trouva plus propre à
fes Ouvrages que le Vernis mou ; parce qu'il sèche & durcit prompte-
ment ; qu'il laiffe au Graveur la liberté de garder fes Planches pour les
travailler à fon loifir, comme auffi de
creufer davantage le trait, & à différentes reprifes. Cependant l'ufage du
Vernis mou a prévalu, parce qu'il
exige moins d'habileté, de légéreté
& de fureté de la main.

La première Pièce de Callot à l'Eau-Forte fut un S^t. Manſui (*a*), premier Évêque de Toul, qu'il grava (ſi la Pièce eſt véritablement de Callot) ſur un Deſſein eſquiſſé ſur les lieux, proche Toul, & ſur un Portrait de M^r. de Porcelet : puiſque, ſelon la date miſe au bas de cette Planche, Callot la grava en 1613. Or il étoit ſurement à Florence alors, comme il eſt prouvé par la date du Titre d'une Tragédie, nommée *Harpalice*, qui eſt de Florence 1613. On voit dans cette Pièce (de 10 pouces 2 lignes de largeur ſur 8 pouces 6 lignes de hauteur) S^t. Manſui accompagné de trois Eccléſiaſtiques en Bonnets carés & en

(*a*) *Entret. ſur les Vies des Peintres T. 2. Edit. de 1696. P. 161.*

Surplis, dont un en Aumuſſe, tous trois ayant des Auréoles, le Bonnet caré ſur la tête ; un Roi couronné, le Sceptre à la main, ſa Cour & ſa Garde à ſa ſuite, la Reine à côté à genou : le S^t. Prélat eſt en Chappe, au bas de laquelle, en devant, à droite, ſont les Armes des Porcelets, & cela, parce que Callot repréſenta S^t. Manſui ſous la reſſemblance de l'Évêque Porcelet. A droite eſt le jeune homme que S^t. Manſui reſſuſcité, lequel eſt ſoutenu ſur ſon ſéant par un Eſclave, ou Domeſtique qui l'a repêché ; une Raquette eſt aux pieds du jeune homme (la plus rare n'a point de Raquette). Dans le lointain du Tableau à droite, on voit, dans une Place en Cirque, des hommes qui joûtent, à l'entour font des Baraques de Buveurs : plus loin, de grands Enclos ; puis l'Abbaye de S^t. Manfui & fes Jardins. Enfin le Mont S^t. Michel, dit anciennement le Mont de Bar, & le petit Édifice qui le couronnoit. Derrière les Perfonnages on apperçoit les Tours de la Cathédrale, celle de S^t. Gengoult, le Clocher du Séminaire, &c. A gauche, dans le coin, un peu au-deflus de l'Infcription, on lit, Callot 1613. La dernière Planche, gravée par Callot, à laquelle l'Eau-Forte n'a été donnée qu'après fa mort par Collignon, fe nomme la petite Treille.

P. 32. (21) Le merveilleux Pavé de l'Églife Cathédrale de Sienne par Ducio, Peintre de Sienne 1356, don-

na

na l'idée à Callot de faire ſes Figures d'un ſeul trait d'Éguille, ou d'Échope, ſans hachures ; ce qui produit, ſur-tout dans les petites Figures, un effet admirable, & les repréſente avec plus de netteté & d'exactitude. J'ai eu du plaſir à conſidérer ce fameux Pavé, & de la peine en le voyant moins précieuſement conſervé qu'il n'eſt digne de l'être.

P. 34. (22) Laurent Manuoyſe, Bourgeois de Nancy, excellent Figuriſte en Bois, a adroitement ſingé Callot, en mettant en Relief la plûpart de ſes Groteſques. Né ſur la Paroiſſe St. Sébaſtien à Nancy, mort ſur celle de St. Epvre en Avril 1763.

P. 34. (23) Jacques Sandrart dans ſon Académie de Peinture raconte que les Amis de Callot, alors à Florence, étant venus un après dîner l'inviter à la Promenade, il s'en excusa sur ce qu'il commençoit à graver une Planche, le soir même il vint rejoindre la Compagnie lui apportant cette Planche finie : preuve de la promptitude avec laquelle il travailloit.

P. 38. (24) l'Œuvre de Callot, que le Sr. Joseph-François Barbe a légué à S. A. R. est rapporté dans la Bibliothèque des Hommes Illustres de Lorraine par Dom Calmet col. 196. Les Srs. Bracart & Beauclerc, Bourgeois de Nancy, Gendres du Sr. Barbe, ont eu, après sa mort arrivée le 15 Mars 1764, l'honneur de le présenter à MONSEIGNEUR, le 2 Mai de la même année. Ils célébrent l'accueil & les Bienfaits qu'ils en ont reçus.

P. 39. (25) M^r. Recouvreur, Fils, Avocat en la Cour Souveraine de Lorraine & Barrois, grand Amateur de ce qui eſt beau & rare, auſſi zélé & ingénieux dans ſes recherches, que poli & honnête pour communiquer aux Curieux ſes découvertes, parmi un amas nombreux de rares Eſtampes de la Belle, de Sébaſtien Leclerc, d'Iſrael, de Silveſtre, de de Ruet, &c. en a une multitude de Callot aux bonnes Épreuves.

J'en amaſſe une collection, dont M^r. le Comte de Rutant, Seigneur de Saulxures, Pulnoi, &c. proche Nancy, & M^r. l'Abbé Lionnois, fameux Inſtituteur de la Jeuneſſe en cette

Ville, m'ont généreusement fourni une partie considérable.

P. 42. (26) On remarque que chez Callot les Voussures sont plus multipliées , & plus finies que, chez tout autre Graveur.

P. 42. (27) Callot a gravé deux Foires d'un mérite bien différent : La grande, appelée *della Madona dell Imprunetta* , qu'il dédia au Grand-Duc de Toscane, est travaillée avec grand soin, & très-recherchée ; c'est une de ses dernières Pièces faites à Florence ; il étoit alors parvenu à la force de l'âge (27 ans) , & à la perfection de son Art. Il l'a regravée en Lorraine ; mais celle gravée à Florence est préférable. La petite Foire n'a pas la même beauté ; on la nomme encore Fête de Village , Jeu de Boules , ou Foire de Gondreville. La grande eſt bien plus tendre & mieux finie : on la diſtingue encore en ce qu'il n'y a point d'Armes aux deux coins d'en bas, elle eſt rare.

P. 43. (28) L'Eſtampe des Supplices repréſente toutes ſortes de Punitions exercées ſur des Criminels dans une Place Publique, avec cette Épigraphe, *Supplicium ſceleri frenum.* Les attitudes y ſont trés-naturelles & très-expreſſives : on y voit les Conſolateurs, les Miniſtres, les Inſtrumens, les Victimes, les Spectateurs & toutes les contenances de la douleur, qui annoncent, comme prochaine, ou la Torture ou une mort violente. Cette Pièce eſt regardée comme un des

Chef-d'œuvres de Callot. Une Tour quarrée, & une petite Vierge caractérisent la meilleure.

P. 43. (29) Les Misères de laGuerre sont en 18 Feuilles, le titre compris; les mêmes en petit, 7 Feuilles avec le titre. Celles-ci sont les plus belles choses que Callot ait faites.

P. 43. (30) L'Indigence avec tous ses attributs & toutes ses contorsions est représentée d'après Nature dans les Gueux.

P. 43. (31) Le Livre des Caprices est un Livre d'Étude & de Dessein; le jeune Peintre ou Graveur y trouve, pour son instruction, la Figure alternativement ébauchée & finie. Callot les grava au nombre de 50 sous ce Titre, *Capricci di varie Figure*, &c.

in Fiorenſe ; c'étoit pour s'amuſer &
ſe délaſſer qu'il travailloit, à la lueur
de la Lampe, ſes Caprices & ſes Groteſques. Malgré la difformité de ces
derniers, les proportions y ſont toujours très-exactement obſervées. Il les
a gravés ſemblables, & en pareil
nombre à Nancy. Ceux de Florence
ſont les meilleurs.

P. 43. (32) Callot connoiſſoit le
penchant cruel qu'ont les hommes à
rire des défauts, ſur-tout corporels,
des autres ; il les accumuloit, les exa-
géroit, dans ſes Fantaiſies, ſes Boſſus
& Pigmées ; mais toujours d'une manière exacte, régulière & variée. En
effet ſon imagination étoit ſi fécon
de, que, malgré l'innombrable mul
titude des Figures, jamais il ne ſe
répète.

P. 43. (33) De plus de 60 Morceaux gravés par Callot en Payſages, les 8 , dont le Titre a une renommée ſur un piédeſtal , ſont les meilleurs. Les 20 , pour apprendre à deſſiner à la Plume , ſont d'une grande force , auſſi bien que ſa grande Chaſſe du Cerf.

P. 43. (34) Les deux Eſtampes qui repréſentent le Maſſacre des Innocens ne ſont preſque pas différentes quant au fond ; mais l'une eſt un peu plus grande que l'autre. Celle gravée à Florence , ſous le nom de Callot , eſt une des plus belles Pièces de ce Maître , plus rare & plus recherchée que celle gravée à Nancy ; toutes deux difficiles à trouver , toutes deux bonnes.

P.

P. 44. (35) Le Catalogue raiſonné de diverſes Curioſités du Cabinet de M[r]. de Lorangère (par Gerſaint, p. 58.) porte les Images juſques 491, y compris les 12 Myſtères ou Fêtes Mobiles, les 2 Titres des Saints & Saintes, & celui des Myſtères; ſçavoir, pour le Mois de

Janvier 36.	Août 44.
Février 32.	Septembre 44.
Mars 40.	Octobre 40.
Avril 36.	Novembre 44.
Mai 40.	Décembre 44.
Juin 32.	Myſtères 12.
Juillet 44.	

Deux Titres pour les Saints & Saintes, & un pour les Myſtères. Les Images des Saints (quatre ſur chaque Feuille) furent le premier Ouvrage

Q

de Callot, après son retour en Lorraine, il les grava à l'âge de 28 ans, en 1621. Je remarque en passant, que Callot, à Rome, à Florence, à Nancy, a commencé ses Ouvrages par des Morceaux de Piété : à Rome, par les Autels de St. Pierre, de St. Paul, de St. Jean de Latran, &c. à Florence, par ses Miracles de l'Annonciade, sa Vierge, son *Ecce Homo*, son Christ au Tombeau ; sa première Pièce à l'Eau-Forte est un St. Mansuy, comme nous l'avons déjà remarqué : à Nancy, par les Saints de l'Année ; cela fait l'éloge de la Piété de Callot : aussi ses Ouvrages de Dévotion sont-ils les plus nombreux.

P. 44. (36) Le Martyre des Apôtres est traité en 16 petites Pièces, comme la Vie de la Vierge en 14, le Titre compris : il les travailla à son retour de Paris, où l'avoit appelé, en 1628, LOUIS XIII. pour deſſiner & graver les Sièges de la Rochelle & de l'Iſle de Ré.

P. 44. (37) Callot a fait 11 Pièces du Nouveau Teſtament; il s'étoit proposé de donner toute l'Hiſtoire de la Bible, ſi la mort n'eût pas ſi-tôt terminé ſes jours.

P. 44. (38) Callot a gravé, comme nous l'avons dit, deux Paſſions : la petite, en 12 Pièces, eſt complette; on ne ſait pourquoi il n'a gravé que ſept Pièces de la grande Paſſion; cependant il en avoit fait & fini tous les Deſſeins à Florence : ces Deſſeins on été placés dans le Cabinet du Roi à Paris, où ils forment, avec les Planches gravées, un riche & précieux recueil.

P. 46. (39) On compte trois Tentations de S^t. Antoine, (Gerfaint, Catal, raif de M^r. de Lorang. P. 69. & 70. fait mention de 5 Tentations qu'il a vues dans l'Œuvre du Roi. Nous avons parlé de la petite; la moyenne, qui eft la plus commune, eft dédiée à M^r. Phelipeaux. La troitroifième, appelée la grande Tentation, eft la plus rare, & de la première manière de Callot à l'Eau-Forte. Nous plaçons ici 25 Vers Latins bien frappés, qui la décrivent : ils font tirés d'un Poëme fur la Tentation de S^t. Antoine de Callot, par le P. Doiffin Jéfuite.

Vix rifum teneas ; habet hîc fera cornua Tauri ,
Hîc Volucrum pennas ; caudam trahit alter equinam ,
Alter Tartareas rapit ad certamina Turmas
Immani inftructa nafo , pedibufque Caprinis ;
Hîc nuda obveriit petulanti tergora Plebi ;
Hic legit , & largo velatus fœda cucullo
Tempora , habet Monachi geftumque habitumque Pec-
cantis ;
Ille inter flammas alacer , prunafque rubentes ,
Accipit & reddit ventofis follibus auras
Verùm alter Pyrio fparfum cui Pulvere tergum ,
Et corpus ftrictis intus mucronibus horret ,
Concipit admoto vivacem fomite flammam ,
Quam ponè accendit Stigiis è Fratribus unus ,
Et velut immenfo reboant tormenta fragore ,
Ardentem propiùs , fi fortè admoveris ignem ;
Sic ille horribili crepitum cum murmure mittit
Undante immixtum fumo , vaftamque fub auras ,
Telorum eructat fegetem , qua faucius alter ,
Obviaque infefto transfixus pectora ferro
Concidit , & multo fundit cum fanguine vitam.
In medio Dux ipfe Erebi flammantia volvit
Lumina , & enormi Stygias ore Phalanges :
Interea Signoque Crucis , Fideique potente
Armatus Clypeo , trepidos Antonius Hoftes
Cogit Avernales iterùm remeare Latebras.

P. 47. (40) Louis de Lorraine,
Prince de Phaltzbourg, étoit le Fa-

vori de Henri II, qui vouloit lui donner la Princeſſe Nicole ſa Fille en
Mariage ; il épouſa la Princeſſe Hen-
riette , l'aînée des deux Sœurs de
Charles IV. & reçut du Duc Henry,
en faveur de ce Mariage, la Princi-
pauté de Phaltzbourg ; il étoit Fils
naturel du Cardinal de Lorraine-
Guiſe, tué à Blois ; ce Prince eſt re-
préſenté à Cheval : dans le lointain du
Portrait, un grand Combat. La Pièce
eſt d'une Feuille.

P. 47. (41) Le Portrait de François de Médicis eſt dans un Cartou-
che, gravé au Burin, orné de Tro-
phées , au-deſſus un Lys , & cette
Inſcription en travers, *Procero & vi-
ridi majus.*

P. 48. (42) La Cour de Florence

étoit alors brillante & fomptueufe, dans un goût & fur un ton dignes du nom de Medicis ; elle fe fignaloit furtout par la pompe & la magnificence des Spectacles (*a*). Les grands Maîtres étoient raffemblés à Florence, devenue leur École par les foins, les éloges, les récompenfes & le goût de Cofme. Callot y fit 6 Planches de Décorations, qui éleverent fa réputation au-deffus de celle de Canta Gallina, Peintre célebre, fon ancien Maître, d'Alphonfe Parigi, qui avoit gravé pour la Cour plufieurs Scènes de Comédie, des Ballets, des Caroufels, &c. & de Jacques Stella, né à Lyon 1596, mort à Paris 1657, em-

(a) *Entret. fur les Vies des Peintres, T.* 2. *Édition de 1696 P. 162.*

ployé à Florence pour les Fêtes qui se donnoient à l'occasion du Mariage de Ferdinand II. Fils de Cosme. Callot Vainqueur de ses Condisciples, de ses Émules & de ses Maîtres, dans une Cour & chez un Prince dont le goût étoit exquis, fut seul employé. Il grava 4 Pièces du Carousel, 6 pour la magnifique Tragédie de Soliman, & le Portrait du Héros avec cette Inscription sur le Bouclier, *Il Solimano Tragedia.* Callot s'est surpassé dans ces Pièces, supérieures à toutes celles de Théatre qu'il avoit gravées jusques alors.

P. 49. (43) Callot fit le Carousel, ou Combat à la Barrière, à Nancy, avec les onze Entrées pour le Duc Henri II. La Grand'Rue est

cc

ce que nous appelons aujourd'hui la Carrière ; ces Morceaux font très-précieux, & méritent leur grande réputation.

P. 50. (44) Je ne fai pourquoi M^r. Perrault (*a*) appelle l'Épouse de Callot Marguerite Paffinger ? L'Épitaphe de Callot, le Nobiliaire de Lorraine, Dom Calmet & tous les autres la nomment Catherine Kuttinger, ce font fes vrais nom & prénom. Callot forma cette Alliance âgé de 32 ans, en 1625.

P. 50. (45) Tous les Hiftoriens difent que Callot fut Époux fans devenir Père. Cependant j'ai vu dans plufieurs de fes Œuvres le Portrait de fon Épouse & d'une Enfant, fous le-

(a) *Homm. Illuft. Edit. de la Haie 1720,* T. 1. P. 265.

R

quel Portrait on lit , Damoiselle Catherine Puttinger, Épouse de Jacques Callot, & sa Fille : peut-être étoit-elle Veuve, ayant cette Enfant quand Callot l'épousa. Puttinger est une faute, c'est Kuttinger.

P. 51. (46) Remigio Canta Gallina fut le premier Maître de Callot, il étoit en réputation à Florence pour sa Pratique merveilleuse de bien dessiner à la Plume en grand & en petit : il s'appliquoit aussi à la Gravure ; Callot demeura peu de temps chez lui.

P. 51. (47) Philippe Thomassin étoit plus fécond, qu'habile Graveur ; il a fait beaucoup de Sujets de Dévotion & autres , d'après *Salviati,* Fréderic *Bonacio* , François *Van-*

ni, &c. Callot commença fous lui à manier le Burin. Thomaſſin forma quelques foubçons injurieux à ſa Femme & à Callot; il devint jaloux, & garda peu de temps ſon jeune Apprentif. Ce Thomaſſin étoit de Troyes en Champagne, marié à Rome; il y avoit fixé ſa demeure; il y mourut âgé de 70 ans.

P. 51. (48) Tierry Bellange, né à Nancy le 13 Octobre 1594, fut, dans l'Étude du Deſſein, Condiſciple de Jacques Callot, de Claude de Ruet & d'Iſraël Henriet; ils ont pris enſemble, diſent pluſieurs Hiſtoriens, qui ſeroient peut-être embarraſſés de le prouver, quelques Leçons de Claude Iſraël, Peintre de Châlons en Champagne, que le Grand - Duc

Charles III. fit venir en Lorraine en
1596. Simon Vouet à Paris donna
des Leçons à Bellange ; celui-ci eft
mort à Nancy, âgé de 44 ans. Les
RR. PP. Minimes de cette Ville ont
de lui un Chrift dans leur Cloître ;
l'Églife de Notre-Dame, une Concep-
tion de la Vierge ; le Château de M^r. le
Comte de Marainville, les 12 Empereurs de grandeur naturelle.

P. 51. (49) Jean Leclerc, Peintre du bon Duc Henri II, s'étoit
formé en Italie, où il avoit demeuré
pendant plus de 20 ans, fous Charles
Vénitien : il fut fait Chevalier de
S^t. Marc, mourut à Nancy en 1633,
âgé de 39 ans, il y étoit né la même
année que Bellange. Nancy eft rempli de fes ouvrages. On voit en l'Égli-

fe des RR. PP. Jéfuites du Collège, au Sanctuaire à la droite, la mort de Ste. Pélagie ; à gauche, la Nativité de N. S. ; devant la Tribune, un St. Pierre & un St. Paul, on préfère le premier ; dans les Collatéraux, un St. Ignace, un St. François Xavier, une Magdeleine, &c. A la Congrégation des Hommes, un St. Jean l'Evangélifte. A la Paroiffe de St. Sébaftien, le Saint de ce nom, tiré fur le Frère de Jean Leclerc, qui lui fervit de Modèle. Le bon Duc Henri étant venu voir fon Peintre, le trouva occupé à ce Tableau, & fon Frère dans l'attitude gênante d'un St. Sébaftien ; le Souverain touché de la complaifance du Modèle, lui affigna fur les grands Moulins 30 Refeaux de Froment par chaque Année. Ce trait caractérise bien le bon Duc Henri. Les Annonciades ont un Crucifix de Jean Leclerc ; les Bénédictines, une Adoration des Bergers, &c.

Un Sébastien Leclerc, Physicien, Géomètre, Mathématicien, né à Metz deux ans après la mort de Callot, & quatre ans après celle de Jean, le 26 Septembre 1637, fut plus célébre Graveur encore, que Jean Leclerc ne fût bon Peintre. Il a fait plus de 6000 Desseins, & gravé environ 3000 Planches, mort le 25 Octobre 1714 au commencement de sa 72ᵉ. année ; ses Gravures sont recherchées par les Curieux & les Connoisseurs : il a gravé toutes les Planches d'un in-f°. intitulé, Le Triomphe du Duc

Charles IV. à son retour dans ses États. Claude de Ruet lui en fournit les Desseins.

P. 52. (50) Israël fort jeune alla à Rome, après avoir pris des Leçons de Dessein, comme nous l'avons dit, Note 48, avec Jacques Callot, Tierry Bellange & Claude de Ruet; il s'appliqua à la Peinture sous Tempeste, ce Peintre si fécond, & si habile dans le Dessein ; revint à Nancy avec de Ruet; alla à Paris, y travailla sous Duchêne ; fut lié de la plus intime amitié à Callot, qui lui donna toutes les Planches de Gravures, qu'il avoit faites depuis son retour en Lorraine, sur lesquelles Israël mit son nom. Ces fidelles Amis ont demeuré ensemble au petit Bourbon à Paris.

La demeure de Callot à Nancy, la Maison de ses Ancêtres, étoit dans la Ville-Vieille, à *la Grand'Rue tirante à la neuve Rue*, comme porte le Rôle du 20 Avril 1621 : il avoit une Maison de Campagne à Villers proche Nancy, celle qui est aujourd'hui à M^r. Mathieu, Grand-Maître des Eaux & Forêts.

P. 52. (51) Callot portoit à l'Ordre de S^t. François une singulière affection : il a fait en son honneur d'immortels Ouvrages : Que ne puis-je, en travaillant à la gloire de ce Grand Homme, dont la mémoire ne peut être assez chérie des honnêtes gens, dit Félibien (*a*), que ne puis-je lui

(a) *Entret. sur les Vies des Peint. T.* 2. *P.* 155. *Edit. de Paris* 1696.

Je

marquer notre juſte reconnoiſſance !
Je démontrerois l'injuſtice des plain-
tes contenues dans une prétendue
Lettre de la célébre Madame de
Graffigny (*a*) arrière Petite-Nièce de
Callot, adreſsée à Monſieur le Chevalier de Solignac, Secrétaire intime
du feu Roi & Secrétaire perpétuel de
l'Académie Royale de Nancy, datée
des Champs Élisées, qui fait ainſi
parler Callot: *Ma chère Épouſe avoit
voulu m'immortaliſer dans le Cloître des FF. Mineurs de mon Pays.
S'ils avoient de la reconnoiſſance,
ils auroient ſecondé le noble Vœu de
la digne moitié de moi-même : mais
ils ont barbarement ôté tout ce qui*

(*a*) *Je tiens la Copie de cette Lettre d'une Dame
(Me. Dingler) que les qualités de l'eſprit & du cœur
font eſtimer de toutes les perſonnes qui la connoiſſent.*

S

pouvoit faire penser à moi. On a vu
(P. 11. 12. & 17.) par quel accident, plus funeste encore pour Nous
que pour Callot, son Tombeau a été
détruit, & quel a été notre zèle à le
rétablir. *L'injustice de ces Religieux
est criante, représentez-la au Roi, &c.*
C'est l'injustice de ce reproche, qui est
bien criante & bien mal adroite. Ce gé
néreux Ami a gravé pour notre Ordre.

1°. Le Portrait de S^t. François,
avec cette Inscription, *Sancti Fran-
cisci vera Effigies.*

2°. Les 23 Martyrs de notre Ordre
dans le Japon.

3°. L'Arbre de S^t. François. Plusieurs Religieux sont au bas de cet
Arbre.

4°. Un S^t. François dans une Tu-
lippe.

5°. S^t. François avec les Armes de Florence.

6°. Un S^t. François, tenant d'une main un Livre, & de l'autre une Croix de Patriarche. Petite Pièce en hauteur, gravée à l'Eau-Forte.

7°. Une grande Thèse en hauteur, intitulée, *Jubilatio Triumphi Virginis Dei-Paræ sub Urbano VIII. Pontifice maximo*, dédiée par nos Pères au Duc Charles IV. & à la Duchesse Nicole régnants ensemble, mise au jour par l'ordre de notre Général & du Provincial de cette Province de France-Parisienne; présidée par le P. André de l'Auge, Gardien de Nancy; répondue par le P. Eſtienne Didelot, Lecteur de Théologie en la même Maiſon, dans le Couvent de l'*Ara Cœli* à Rome, pendant le Chapitre Général tenu au Mois de Mai 1625. Cette Eſtampe eſt toute en Perſonnages Emblématiques, leſquels portent ſur des Banderoles chacun une Poſition de la Thèſe. Les Armes de Lorraine & la Harangue Latine ſont en bas.

P. 53. (52) Michel Laſne, né à Caën, a fait admirer ſon talent dans le Deſſein & la Gravure par l'expreſſion des Paſſions, & par beaucoup de Morceaux de Génie. Sa Pratique étoit merveilleuſe; ſon caractère gai & agréable, lui fit couler une vie longue & douce. C'étoit le Vin qui échauffoit ordinairement ſa Veine. Mort en 1667, âgé de 72. ans.

P. 53. (53) Au bas du Portrait

de Callot, gravé par Michel Lasne, Israël plaça cet Éloge Latin.

En Miraculum Artis & Naturæ : hîc delineatur & inciditur in ære parvo quidquid magnificum Natura fecit, imò perfecit illa omne opus suum cum dexterâ tanti Viri ; undè meritò creditur Cælestium Idearum unicus Hæres.

Israël Amicus optimus excudit.

Plus bas.

M. Lasne *delineavit & fecit.*

Autour du Portrait.

Jacobus Callotus, Nobilis Lotharingus, Calcographus. Anno ætatis suæ trigesimo sexto.

P. 55. (54) Le Siège de Bréda en 6 Planches est un des plus considérables Ouvrages de Callot. Il fut cause que Louis XIII. appela cet homme célébre pour lui faire dessiner & graver les Sièges de la Rochelle, & de l'Isle de Ré. M^r. Perrault n'est point exact, quand il dit que Callot *gra-vât étant en France trois Sièges .. celui de Ré, celui de Bréda, & celui de la Rochelle* : car il est constant que le Siège de Bréda fût gravé le premier, & à Bruxelles ; qu'il fût même une occasion de faire graver les deux autres, comme nous venons de le dire.

P. 55. (55) Jean-Baptiste Gaston de France (ce nom *Gaston* vient du mot Teutonique *Gast*, qui signifie Puissant, Chef, Prince, Commandant *V.* Diction. Étymol. par M^r. Ménage) Frère de Louis XIII, il est nommé dans la Bibliothèque Lorraine, col. 183. *Oncle du Roi,* c'est une faute ; retiré à Nancy auprès de Charles IV. pour quelques mécontentemens qu'il avoit eus du Cardinal de Richelieu, y épousa Marguerite de Lorraine, Coadjutrice de Remiremont, Sœur de Charles IV. cinquième Enfant, & seconde Fille de François II. Comte de Vaudémont. Le Mariage se fit dans le Parloir de Catherine de Lorraine, Sœur de Henri II. Tante de Marguerite de Lorraine, & Abbesse des Bénédictines de N. D. de Consolation de Nancy, appelées aujourd'hui Dames du S^r. Sacrement. Ce Mariage de son Frère avec la Sœur de son Ennemi irrita Louis XIII. qui, sous ce prétexte, vint s'emparer de Nancy en 1633. Gaston, accompagné du Comte de

Maulevrier, paſſoit ſouvent deux heures par jour chez Callot pour s'a-muſer & s'inſtruire en le voyant tra-vailler; il lui fit graver pluſieurs Piè-ces de Monnoie.

P. 56.(56) Claude de Ruet prit, diſent les Hiſtoriens, des Leçons de Deſſein avec Jacques Callot, Iſraël Fils, & Bellange, ſous Claude Iſraël Henriet Père, que le Grand-Duc Charles III. avoit fait venir en Lor-raine de Châlons en Champagne, comme nous l'avons dit, Note 48 : Claude de Ruet ſe fit par ſes manœu-vres une réputation au-deſſus de ſes Talens. Il avoit travaillé à Rome ſous le fameux Tempeſte : revenu en Lor-raine le Duc Henri le nomma Direc-teur de ſes Fêtes & l'annoblit en 1621.

Louis

Louis XIII. le décora du Cordon de
St. Michel, & le Duc Charles IV. lui
accorda en 1632 des Lettres de Gen-
tilleſſe. Il travailla avec des Italiens à
peindre les Chapelles & le Plafond
de l'Égliſe des RR. PP. Carmes
en 1626. Sa Maiſon étoit en la Ville-
Vieille de Nancy, Rue des Comtes,
ſelon le Rôle cité Note 50. Le plus
glorieux trait de ſa vie, c'eſt que
Louis XIII. en 1634 le crayonna de ſa
propre main. On lit au bas du Portrait de de Ruet par Louis XIII. les
Vers ſuivans.

On ſait à quelle Gloire Apelle oſa prétendre
Par ce fameux Portrait qu'il laiſſa d'Alexandre ;
Son Pinceau dans la Grèce autrefois adoré,
Quoiqu'on en ait écrit, je priſe davantage
Cet illuſtre crayon, où par un rare Ouvrage
Des mains d'un Alexandre un Apelle eſt tiré.

Au-deſſous.

*Ludovicus XIII. Francorum Rex Chriſtianiſſimus,
manu ſuâ fecit 11 Julii 1634.*

T

De Ruet mourut à Nancy, selon Dom Calmet, le 20 Octobre 1660, âgé de 70 ans; il seroit donc né en 1590, & non en 1580, comme l'écrit l'Auteur des Mémoires pour servir à l'Hist. des Homm. Illust. de Lorr. T. 1. P. 182. qui place sa mort en 1641. Dans la vérité & selon son Épitaphe en la Chapelle St. Nicolas de l'Eglise des RR. PP. Carmes, où est sa Sépulture, de Ruet est mort l'an 1660, âgé de 72 ans, il étoit donc né en 1588.

P. 59 (57) Les Vers que Callot grava au bas du Portrait de de Ruet décélent plus l'excellent cœur, que le bon Poëte. On en jugera.

Ce fameux Créateur de tant de beaux Visages
S'étoit assez tiré dans ses rares Ouvrages,

Où la Nature & l'Art admirent leurs efforts,
Il tenoit le deſſus du temps & de l'envie,
Et lui de qui les mains reſſuſcitent les Morts
Pouvoit bien par ſoi-même éterniſer ſa vie ;
Mais quand il eût fallu laiſſer quelqu'autre marque
Qui malgré les rigueurs du Sort & de la Parque
Le montra tout entier à la Poſtérité.
Son Huile & ſes Couleurs, pour le faire revivre,
Au goût des mieux ſenſés auroient toujours été
Un charme plus puiſſant que l'Eau-Forte & le Cuivre.

Et plus bas.

A Claude de Ruet, Ecuyer, Chevalier de l'Ordre de Portugal. Son Fidelle Ami Jacques Callot *fecit.* A Nancy 1632.

P. 62 (58) Nicolas Drouin, Contemporain de Callot, dans un Siècle & ſous un Règne (de Charles III.) féconds en Grands Hommes, né à Nancy en 1590, il y eſt mort en Octobre 1649. Ses Ouvrages à Nancy ſont, outre les deux Mauſolées, les Statues de l'ancien Perron du Jardin de la Cour : les douze Apôtres les quatre Évangéliftes , de grandeur naturelle , en la Chapelle de M M. de Refnel aux RR. PP. Minimes. On voit dans le Retable de cette Chapelle un très-beau Tableau , qui repréfente la Mort de la Vierge , il eft de Remy Conftant , Peintre de Nancy , enterré en l'Églife de la Paroif-fe Saint Epvre. Les Statues de Saint Sébaftien , de Saint Roch & de Saint Charles , *ex Voto* de la Ville en l'ancienne Églife de Bon-Secours. Je n'ai pu favoir ce qu'ils font devenus.

P. 65 (65) Les Adams ont donné au Cifeau Lorrain de la Sculpture , la plus grande célébrité. Jacob-Sigis-bert Adam , formé fous le fameux Céfar Bagard , a donné des Figures en terre plus recherchées encore que celles en bronze. Ses Furies & ſes Parques ſont très - eſtimées ; né à Nancy le 28 Octobre 1670, il y eſt mort en 1747. Ses trois Fils, Sculpteurs du Roi, ont ſoutenu & augmenté la réputation de leur Père. L'aîné, Lambert-Sigisbert, né à Nancy le 10 Février 1700, a d'abord travaillé avec ſon Père juſqu'en 1719. Venu à Paris il y donna un Bas-Relief de trois pieds de hauteur, repréſentant le Roi Joachim tiré des Fers ; ce Morceau remporta le premier Prix de Sculpture de l'Académie Royale en 1723. Lambert eſt reſté 10 ans dans l'Académie de France à Rome, où Louis XV. l'avoit envoyé ; il a donné à Sa Majeſté un de ſes plus beaux Ouvrages, le Dieu de la Guerre ca-

reſſé par l'Amour : ſes autres chef-
d'œuvres en France ſont le Triomphe de Neptune & d'Amphitrite, dans
le grand Baſſin de Verſailles. Une
Chaſſe & une Pêche grouppées auſſi
à Verſailles : le Buſte de Louis XV.
ſous la Figure d'Appollon : une Sainte
Adélaïde : les 4 Arts Libéraux dans le
Salon de Bal du Prince de Soubiſe, &c.
Nicolas - Sébaſtien ſon Frère, né à
Nancy le 22 Mars 1705, envoyé d'a-
bord à Paris, enſuite à Rome, où il
remporta, áprès un ſéjour de 18 Mois,
le premier Prix de Sculpture de l'Académie de Sᵗ. Luc. Pour ſon entrée en
l'Académie de Paris il donna Prome-
tée dévoré par un Vautour. On a de
lui le Martyre de Sᵗᵉ. Victoire, à la
Chapelle de Verſailles : les Figures du

Frontifpice de la Chambre des Comptes de Paris. Ce même Nicolas-Sébaftien Adam a fait & placé, en Juin & Juillet 1749, dans la nouvelle Églife des RR. PP. Minimes de Bon-Secours de Nancy, un Ouvrage capable feul de faire la réputation d'un grand Maître; je parle du Maufolée de la Reine Catherine de Pologne, l'admiration des Connoiffeurs: on y remarque furtout le Médaillon de la Charité, lequel eft d'une expreffion raviffante. Le 3ᵉ. Fils de Jacob-Sigisbert Adam, nommé Frençois Gafpard, né à Nancy le 23 Mai 1710, a fuivi la route, la fortune & la gloire de fes Frères: couronné à Paris par l'Académie Royale de Sculpture, envoyé par Louis XV. à Rome en 1742 avec

Penſion, il y reçut les mêmes honneurs que ſes Frères. Quatre mille livres de Penſion l'ont attaché au Roi de Pruſſe. Deux de ſes Morceaux fort eſtimés ſont le Poëte Lucréce & la Volupté.

P. 65 (60) Jean Chaligny, célébre Fondeur à Nancy (Maître des Cunis, Jean & François ſon Fils, Précurſeur & Modèle des Sᵗˢ. Guibal & Chifflet de nos jours) fit la Coulevrine, pièce plus fameuſe qu'utile, longue de 22 pieds, & que j'ai vue ſur le Rempart de Dunkerque ſans Affut, couchée ſur terre & preſque couverte de l'herbe qui l'environne, placée entre deux autres petites Pièces également négligées. Louis XIV. la fit conduire à Dunkerque en 1670. Jean Chaligny

Chaligny mourut à Nancy ſa Patrie, le 23 Mars 1615, âgé de 86 ans. Il laiſſa deux Fils, qui ſoutinrent, dans l'Art de la Fonderie, la célébrité de leur Père; David & Antoine. David traita avec l'Hôtel-de-Ville de Nancy, qui devoit tout fournir, pour jeter en fonte un Cheval de Bronze, deſ- tiné à porter la Statue du Grand- Duc Charles, haute de onze à douze pieds, pour le prix de quinze mille francs-Barrois. Le malheur des Guer- res empêcha l'exécution du Traité, que David commença ſeulement, & qui ne fut achevé par Antoine ſon Frère, qu'en 1632, vingt-quatre ans après la mort du Duc, pour lequel il avoit été commencé, & ſix après celle du bon Duc Henri ſon Fils. Il ne put donc servir ni au Père ni au Fils. On le destina au Duc Charles IV. Mais Louis XIV. le fit conduire à Dijon en 1671, où il est aujourd'hui. David Chaligny est mort en 1631, & Antoine le 29 Août 1666, âgé de 75 ans, à Nancy, où ils étoient nés. Charles IV. annoblit Pierre Chaligny Fils d'Antoine en 1659, pour services rendus par ses Ancêtres (est-il dit dans ses Lettres) depuis plus de deux cents ans, & pour ceux rendus par lui Pierre Chaligny, en sa qualité d'Ingénieur & de Commissaire - Général des Fontes.

P. 66 (61) César Bagard, né à Nancy le 27 Mars 1639, mort en la même Ville en 1709, inhumé chez les R R. PP. Minimes. Deux de ses

Statues ornèrent l'Arc de Triomphe érigé lors du Mariage de Louis XIV. l'an 1659. La Vierge qui eſt dans la Chapelle du Carmel en l'Égliſe des RR. PP. Carmes de Nancy, celle qui eſt ſur la Porte d'entrée des Religieuſes de S^{te}. Éliſabeth, & un S^{t}. Pierre dans notre Cloître, ſont de ce fameux Sculpteur.

P. 68 (62) Jean de Porcelet de Maillane, d'une des plus Illuſtres Maiſons de Provence, Évêque & Comte de Toul, acheva de fonder le Collège de Nancy en 1616. Le projet en avoit été formé par M^{r}. Nicolas Bourgeois, Échevin de Nancy, l'an 1610 ou 1611. Le bon Duc Henri y contribua beaucoup. Notre Évêque conſomma l'œuvre, en donnant une somme considérable, pour former une Rente destinée à l'entretien de la Maison, & à la nourriture de 12 à 15 Pères & Maîtres pour enseigner : ils commencèrent en ladite année 1616 : ce Prélat, qui avoit aussi procuré à des Bénédictins Anglois un établissement à Dieulouard, & fait plusieurs autres pieuses Fondations, mourut à Nancy le 14 Septembre 1624, âgé de 44 ans. Ses Neveux MM^{rs}. les Marquis de Gerbéviller, les Comtes de Torniel & de S^t. Amour, Prince de Cantcroix, lui ont fait ériger ce superbe Mausolée.

P. 69 (63) Dans le Verbal de la Reconnoissance des Tombeaux des Princes & des Princesses de Vaudémont, dans l'Acte de Dépôt en la

Sépulture ordinaire de l'Augufte Maifon de Lorraine, il eft dit que les
Princes Séréniffimes & leurs Époufes
font Henri III. & Antoine de Vaudémont; Ifabelle de Lorraine & Marie
d'Harcourt (Henri & Ifabelle fon-
dèrent en 1325 le Chapitre de Vau
démont, fupprimé en 1760). La
Tranflation & le Dépôt de leurs of-
femens fe firent le 21 Avril 1762.
En paffant à Flavigny, le Convoi fut
reçu en grande Cérémonie par la
Communauté des RR. PP. Bénédictins, à la première Porte de l'Avant-
Cour de leur Maifon. Le R. P. Dom
Benoît Martin, Prélat, revêtu pon-
tificalement, fit une Harangue,
portant la parole à Mgr. le Comte du
Rouvrois, Premier Préfident de la

Cour Souveraine de Lorraine & Barrois, qui répondit avec cette mâle & laconique éloquence qu'on lui connoît. On célébra la Meſſe & les Obſèques avec Pompe : toutes les perſonnes du Convoi furent ſomptueuſement accueillies. Ce même Convoi, pieuſement eſcorté, à ſon paſſage dans le Fauxbourg & dans la Ville, par l'un & l'autre Clergé, fut reçu en l'Égliſe des PP. Cordeliers de Nancy par tous les Religieux, ayants à leur tête le P. Huſſon, Définiteur Général de tout l'Ordre de St. François, qui harangua.

P. 71 (64) On ne doit point s'étonner, ſi, contre l'uſage, on a adreſſé la parole à S. A. R. dans tout le Cours de l'Ouvrage ; c'eſt que l'Éloge de Callot a été fait pour le Prince personnellement.

P. 74 (65) Voici la Copie fcrupuleufement faite de l'Épitaphe de Callot, comme elle eft gravée, fous fon Portrait & fur fon Tombeau, dans notre Cloître de Nancy.

V I A T O R,
Si legis, habes quod mireris
& imitari coneris.

JACOBUS CALLOT, *Nobilis Nanceïanus, Calcographiæ peritiâ, proprio Marte, nulloque docente Magiftro, fic claruit ut dum ejus Gloria Florentiæ floreret, ea in Arte Princeps fui temporis, nemine reclamante habitus, à Summo Pontifice, Imperatore, nec non Regibus advocatus fuerit, quibus Sereniffimos Principes fuos anteponens, Patriam repetiit, ubi Henrico III. Francifco II. & Ca-*

*rolo IIII Ducibus , Calcographus sine pari ,
maxime cordi , Patriæ ornamento , Urbi
decori , Parentibus solatio , Concivibus de-
liciis , Uxori suavitati fuit : donec anno
ætatis 43°. animam Cælo maturam , mors
immatura dimittens XXIIII. Martii
CIƆ ƆI CXXXV. Corpus carissimæ
Uxori* Catharinæ Kuttinger
*Fratrique mœrentibus hoc Nobilium Ma-
jorum Sepulchro donandum relinquens ,
Principem quidem subdito fideli , Patriam
Alumno amabili ; Urbem cine optimo ,
Parentes Filio obedienti , Uxorem Marito
suavissimo , Fratrem Fratre dilecto privavit.
At nominis & Artis splendori non invidit.*

Stabit in æternum Nomen & Artis opus.

Ensuite les quatre Vers François
que nous avons mis à la fin du Discours, page 75.

Envain tu ferois des Volumes, &c.

Nous

Nous avons fait fur cette Épitaphe les remarques fuivantes.

1°. Il y eft dit que Callot par fon génie & fans aucun Maître, *Proprio Marte*, *nulloque docente Magiftro*, s'eft fignalé dans fon Art. Callot a un mérite fi réel, pourquoi lui en prêter un imaginaire? Il eft conftant qu'il eut pour Maître, dans le Deffein, *Remigio Canta Gallina* à Florence (Plufieurs prétendent qu'il reçût des Leçons de Claude Ifraël Henriet à Nancy) & dans la Gravure au Burin, Philippe Thomaffin à Rome.

2°. On lit dans cette Épitaphe que Callot fût appelé par le Souverain Pontife, par l'Empereur, & par plufieurs Rois, *a Summo Pontifice, Imperatore, nec non Regibus advo-*

X

catus : de-là M^r. Perrault a dit, avec aussi peu de vérité, que Callot fût *invité par le Pape à venir à Rome, & par l'Empereur à aller à Vienne,* Homm. Illust. T. 1. P. 262. Edit. de la Haie 1720 : ce qui est manifestement contredit par l'Histoire. Le seul Louis XIII. Roi de France, après la mort de Cosme de Medicis, voulut se l'attacher par une Pension de 3000 l. Callot n'avoit que quinze ans à la mort du Pape Clément VIII. Léon XI. son Successeur ne fut que 27 jours Pape. On lit bien que Paul V. fit Claude de Ruet Chevalier de Christ ; mais on ne trouve pas qu'il ait appelé Callot. Grégoire X V. ne tint le Souverain Pontificat que 2 ans, il n'est point dit qu'il ait connu Callot.

Celui-ci vécut douze ans, pendant qu'Innocent X. occupoit la Chaire de Saint Pierre, depuis 1623 jufqu'en 1644. Callot étoit forti d'Italie dès 1620, & n'y retourna plus, ni ne fut invité d'y retourner. Il eft vrai qu'en 1634, année qui fut l'avant-dernière de fa vie, voyant le déplorable état de la Lorraine, il s'étoit proposé, mais de lui-même, d'aller avec fon Époufe finir fes jours à Florence ; mais fa fanté affoiblie & ruinée par fon travail, des maux d'eftomac continuels, une tumeur fquireufe, la mort, rompirent tous fes projets. Les trois Empereurs qui régnèrent pendant la vie de Callot, Rodolphe depuis 1576 jufques 1612, enfuite Mathias jufques 1618, enfin

Ferdinand jufques 1637 , n'appelè-
rent jamais auprès d'eux notre Artifte : ni dans leur Hiftoire, ni dans
celle de Callot, il n'en eft fait mention.

3°. Une faute groffière qu'on
ne peut imputer qu'au Graveur de
l'Épitaphe (Hé pourquoi ceux qui le
dirigeoient ne lui firent-ils pas corri-
ger?) Il eft dit que Callot furpaffa
tous ceux de fon Art fous les Ducs
Henri III. François II. &c. *Henrico III. Francifco II.... Ducibus.*
Il n'y eut jamais de Henri III. Duc
de Lorraine : il falloit mettre Henri II.
L'erreur eut été moins opposée à la
faine Critique en le nommant Henri I.
puifque le bon Duc Henri n'eft dit
qu'improprement Henri II. par rapport à un Henri I. qui gouverna la

Lorraine, avant que le Duché fût héréditaire dans la Maiſon d'Alſace (On pourroit faire la même remarque ſur Charles IV. qui n'eſt proprement que Charles III.) Il y a eu 4 Henris, mais Comtes de Bar, & non Ducs de Lorraine ; & cinq de ce nom, Comtes de Vaudémont. Quant à François II. il ne fut que très-peu de temps (Quelques Hiſtoriens diſent cinq jours, d'autres un jour ſeulement) en Fonctions de Souveraineté, qu'il remit, en vertu du Teſtament de René II. & de la Loi Salique, à ſon Fils Charles IV n'en gardant que le Titre juſqu'à ſa mort.

4°. Falloit-il pour l'Épitaphe du plus célébre des Graveurs, employer un Graveur ignorant, ou mal adroit ?

On voit qu'il étoit l'un & l'autre, quand on lit *Cine optimo* pour *Cive optimo*. Ces fautes de Gravure, de Latinité, d'exactitude, &c. nous feroient auffi injuftement imputées que celles des Infcriptions, fi peu lapidaires, & fi déplacés dans la Chapelle Ducale, que des perfonnes étrangères fe font immifcées à compofer & à faire graver fans notre aveu. Je fais ici ma proteftation pour que ces verbeufes Légendes ne prefcrivent pas contre la réputation, dont nous jouiffons de favoir parler Latin.

5°. L'Imprimeur de la Bibliothèque Lorraine, en cet Article, eft auffi mal inftruit & plus inconféquent que le Graveur de l'Épitaphe de Callot. 1°, il met *Advocatus* par un A Majuſcule, ce mot ainſi écrit devient Subſtantif, & ſignifie un Avocat; dans l'Épitaphe il eſt Participe paſſif, *advocatus fuerit*, & ſignifie, *appelé, Invité*. 2°. On lit dans l'Épitaphe *maximè cordi*, & dans la Bibliothèque Lorraine *maximis cordi* : ſi l'on vouloit faire cette correction, il falloit mettre *Maximis* par une M Majuſcule. 3°. La Bibliothèque Lorraine fait lire, *Morte immatura dimittens ;* & l'Épitaphe, *Mors immatura dimittens.* La Leçon du Bibliographe en ces deux endroits facilite, il eſt vrai, l'intelligence & la traduction du Texte : mais raiſon inſuffiſante, trop ſouvent employée par les Traducteurs, pour juſtifier les variantes. 4°. L'Épitaphe porte que Callot

mourût *X X I I I I. Martii C I Ɔ
C I C X X X V.* & l'Auteur de la
Bibliothèque laiſſe imprimer *X X V.
Martii C I Ɔ I Ɔ C X X X I* L'Auteur dans la Page précédente 194,
venoit de mettre que Callot mourût
le 28 Mars 1635, âgé de 43 ans : il
avoit dit, Page 184, que Callot na-
quit l'an 1593 ou 1594; il feroit
donc mort, non âgé de 43 ans, mais
de 42 ou 41. Réellement il n'avoit
que 42 ans faits , puiſqu'il mourut
en 1635, dans la 43ᶜ. année, *Anno
œtatis 43°.* dit l'Épitaphe, & qu'il
étoit né en 1593. 5°. Enfin il y a
dans l'Épitaphe *Principem quidem
ſubdito fideli :* on a ſupprimé *quidem :* cette omiſſion eſt légère, j'en
conviens, mais enfin c'eſt une omiſſion

fion. Toute minutieufe que paroiffe cette Critique, toujours eft-il vrai qu'on ne peut être trop fcrupuleux pour rendre une Copie conforme à fon Original ; rien de fi important & de fi facile tout à la fois. La différence d'une Copie n'eft excufable, que quand elle rectifie dans l'Original quelqu'erreur confidérable & importante : encore cette correction, fi c'eft une addition ou un changement de mot, doit-elle être mife en Notes, ou en différens Caractères, & non dans le Texte & comme le Texte; fi c'eft une omiffion, le Copifte doit en prévenir le Lecteur.

D'après ce que nous avons dit, on jugera quelle croyance méritent les Éloges, les Titres, les Récits faftueu-

Y

sement étalés dans les Épitaphes. Le beau , le sublime laconisme des Anglois ! sur la Tombe d'un de leurs plus fameux Poëtes , son nom seul pour Épitaphe ,

D R Y D E N.

P. 74. (66) Les Graveurs, les Peintres, les Dessinateurs de Nancy & de Lunéville ont formé le noble projet d'ériger à Callot un superbe Mausolée, digne de ce Grand Homme & de leur Générosité. M^r. Gérardet, premier Peintre du feu Roi, en a déjà tracé le Dessein ; l'exécution suivra peut-être.

Cet hommage rendu aux Talens, & si capable de les animer, de les encourager, une Dame Lorraine, plus Illustre encore par son rare mérite, par ſes lumières, ſes ſentimens, ſon eſprit & ſon cœur , que par ſa haute Naiſſance (Madame la Marquiſe des Armoiſes, née Marquiſe de Beauveau) vraie Héroïne du Patriotiſme, en a donné l'exemple, en faiſant peindre par le Sʳ. de Snémon, & placer les Grands Hommes de la Province dans un Appartement de ſon Hôtel, où ſouvent s'aſſemblent les Grands de la Nation, je veux dire, ſes Parens & ſes Amis. Callot y occupe un des premiers rangs, & ſe trouve honorablement placé avec les Graffigny, les Boufflers, les Saintlambert, les Saint-Urbain, les Gelée, les Lepois, les Adam, les Lamour, même les Val-d'Ajol.

Le récit & l'éloge d'un trait généreux, terminera cet ouvrage, entièrement confacré à célébrer la bonté des cœurs Lorrains. Je dois, je rends ici un témoignage public de ma reconnoiſſance à M^r. Richard Pierot, Maître en Chirurgie, Stipendié des Villes de Nancy, Chirurgien - Major des Hôpitaux Bourgeois, Démonſtrateur d'Anatomie & de Chirurgie au Collège Royal de Médecine. On connoit la Paſſion des Amateurs pour les objets qui les affectent ; leur ardeur, leur avidité à les rechercher, à les recueillir ; leurs ſoins, leurs dépenſes pour ſe les procurer, les conſerver, n'en point perdre.

Hé bien ! le généreux, l'obligeant M^r. Pierot a fait, de plus de cent morceaux de Callot, qui ornoient ſon riche Cabinet, qui réjouiſſoient ſes regards, & qui flattoient ſon cœur, plus de cent victimes, immolées à ſon amitié pour moi. Il falloit le voir détacher avec empreſſement, pour me les remettre, ces différens morceaux qu'il avoit attachés avec tant de plaiſir. Un Père tendre ne met pas plus d'activité à cueillir à ſon Enfant, des fruits que celui-ci dévore des yeux, ſans pouvoir, ou ſans oſer y porter la main.

Je me rappelois alors (c'en étoit l'imitation) la noble, l'affable généroſité d'un M. Cellier, Chanoine de Bourmont, & ancien Principal du Collège de Chaumont, qui . . . . mais il m'arrache la plume & me force au ſilence.

F I N.

9 782329 813080